RENÉ BAZIN
DE L'ACADÉMIE FRANÇAISE

Nord-Sud

AMÉRIQUE
ANGLETERRE — CORSE — SPITZBERG

PARIS
CALMANN-LÉVY, ÉDITEURS
3, RUE AUBER, 3

NORD-SUD

DU MÊME AUTEUR

CALMANN-LÉVY, ÉDITEURS

Format grand in-18.

UNE TACHE D'ENCRE (*Ouvrage couronné par l'Académie française*)...	1 vol.
LES NOELLET...	1 —
A L'AVENTURE (croquis italiens)...	1 —
MA TANTE GIRON...	1 —
LA SARCELLE BLEUE...	1 —
SICILE (*Ouvrage couronné par l'Académie française*)...	1 —
MADAME CORENTINE...	1 —
LES ITALIENS D'AUJOURD'HUI...	1 —
TERRE D'ESPAGNE...	1 —
EN PROVINCE...	1 —
DE TOUTE SON AME...	1 —
LA TERRE QUI MEURT...	1 —
CROQUIS DE FRANCE ET D'ORIENT...	1 —
LES OBERLÉ...	1 —
DONATIENNE...	1 —
PAGES CHOISIES...	1 —
RÉCITS DE LA PLAINE ET DE LA MONTAGNE.	1 —
LE GUIDE DE L'EMPEREUR...	1 —
CONTES DE BONNE PERRETTE...	1 —
L'ISOLÉE...	1 —
QUESTIONS LITTÉRAIRES ET SOCIALES...	1 —
LE BLÉ QUI LÈVE...	1 —
MÉMOIRES D'UNE VIEILLE FILLE...	1 —
LE MARIAGE DE MADEMOISELLE GIMEL, DACTYLOGRAPHE...	1 —
LA BARRIÈRE...	1 —
DAVIDÉE BIROT...	1 —

ÉDITION ILLUSTRÉE

LES OBERLÉ, un volume in-8° jésus, aquarelles et dessins de CHARLES SPINDLER.

LIBRAIRIE ÉMILE-PAUL

LE DUC DE NEMOURS...	1 vol.

LIBRAIRIE J. DE GIGORD

LA DOUCE FRANCE...	1 vol.

RENÉ BAZIN

DE L'ACADÉMIE FRANÇAISE

NORD-SUD

AMÉRIQUE — ANGLETERRE

CORSE — SPITZBERG

PARIS

CALMANN-LÉVY, ÉDITEURS

3, RUE AUBER, 3

Il a été tiré de cet ouvrage

QUARANTE EXEMPLAIRES SUR PAPIER DE HOLLANDE,

tous numérotés.

Droits de traduction et de reproduction réservés
pour tous les pays.

Copyright, 1913, by CALMANN-LÉVY.

NORD-SUD

PAYSAGES D'AMÉRIQUE

23 avril. — Promptement, la mer a été mauvaise. Toute la nuit, le vent a poussé contre nous, droit sur l'avant, les longues barres de la houle. J'entendais comme des cloches qui appelaient. Étaient-ce les lames faisant sonner les tôles ? Je disais : « Pas tout de suite, cloches de l'office dernier ! Vous ne détruirez ni nous, ni cette *France* magnifique à son premier voyage et que toutes les nations regardent. » Je crois bien que chacun a pensé à la mort, chacun selon son âge, son éducation et l'habitude de son cœur. Non qu'il y eût danger : mais nous

nous sommes embarqués au lendemain du désastre du *Titanic*, et le plus durable écho de ces pauvres appels, il est là, chez nous, qui succédons aux victimes sur la route[1].

Cependant, aux flancs du bateau, ce matin, dans la poussière qui vole au-dessus des collines d'eau éventrées, un arc-en-ciel nous suit. Des nuages passent et l'effacent. Il renaît avec le soleil, et je regarde ce petit arc, où vivent et voyagent les couleurs des jardins, dans l'immensité bleue, d'un bleu de métal, bleu terni par le vent. Le chef télégraphiste frappe à la porte de ma cabine. Il me tend une enveloppe que je déchire. Je retire un papier plié en carré, je l'ouvre, je lis d'abord les mots qui sont là pour moi seul, et, avant de remercier, afin de cacher peut-être mon émotion, je continue de lire, je parcours les lignes imprimées en tête de la feuille. Il y a ceci : « Radiotélégramme en provenance de Paris, reçu du poste extra-puissant de Poldhu (Angleterre), le 22 avril 1912, à 11 heures du

---

1. La *France*, de la Compagnie Transatlantique, quittait Le Havre le 20 avril 1912 ; le 14, à dix heures du soir, au sud de Terre-Neuve, le *Titanic*, de la *White Star*, avait heurté un iceberg, et sombré, engloutissant 1.517 victimes.

soir, *France* étant à 1.000 milles de ce poste. »
Je venais d'apprendre, par les deux mots qui
suivaient, que tout allait bien dans ma maison
de Paris. O merveille! Visite de la pensée
maîtresse de sa route! On l'a jetée en l'air,
cette pensée; elle a pris son chemin, non le
long d'un fil, mais comme elle a voulu, libre
à travers les espaces, et, comme elle passait,
les antennes du bateau l'ont saisie au vol, et
on me l'amène, vivante. Je vois, dans les
mains de l'employé, un paquet d'enveloppes
grises, pareilles. J'étudie ce travailleur d'un
nouveau métier. Il est Anglais, long, mélancolique, de visage creusé, de regard planant.
Écouteur d'océan! Il a si bien l'habitude
d'écouter, là-haut, près de la passerelle, coiffé
du casque et toute l'attention tournée en
dedans, qu'il a l'air d'un contemplatif. Je lui
demande :

— Vous avez des navires en vue?

— En vue, non, mais dans le voisinage : à
moins de cent milles, dans le nord-ouest, un
pêcheur qui se rend sur les bancs. Nous
causons.

Il « avait », au delà de l'horizon désert, dans

le champ d'action de son appareil, un petit vapeur terre-neuvas, et, invisibles l'un pour l'autre, les deux bateaux s'étaient dit leur nom, et ils causaient.

Quelques heures plus tard, je rencontre ce même chef télégraphiste auquel j'avais remis le texte d'une réponse. Avec sa gravité et sa déférence coutumières, il s'approche. Je comprends qu'il a une communication d'ordre professionnel à me faire. Nous nous retirons à l'écart, et nous échangeons ces phrases :

— Monsieur, j'ai préféré, à cause de la distance, ne pas expédier à terre votre radiotélégramme.

— Ah ! tant pis !

— Mais je l'ai confié à un bateau qui est derrière nous.

— Et qui le transmettra ?

— Qui l'a déjà transmis.

— Comment le savez-vous ?

— Monsieur, j'ai entendu le bateau qui relançait vos mots.

Mercredi 24 avril. — Je suis réveillé par la sirène, mais non celle des anciens qui chantait. La nôtre meugle. Nous sommes dans la brume. Il fait chaud et blanc. Je cherche et ne trouve plus la douceur de respirer, la bouche ouverte au vent du matin. Car le vent, dans ces fourrures mouillées, perd sa force et son goût. Je fais tout le tour du navire, par le pont couvert. Quelques passagères, étendues sur leurs fauteuils de toile, enveloppées dans des manteaux et des châles, lèvent la tête, et cherchent à voir si le jour a grandi. Mais le jour n'a pas grandi. Il n'est aucune heure. Une toute jeune femme, malade, énervée par ce crépuscule, et par le meuglement de la sirène, murmure :

— Ce Christophe Colomb! Quel besoin avait-il d'aller découvrir l'Amérique?

Je me penche au-dessus de la mer. Quelle redoutable puissance, cette poussière d'eau à qui le ciel appartient en ce moment! Comme elle pèse! Comme elle nous enserre et comme elle change toute chose! L'énorme voix de la vapeur est prisonnière, elle aussi, elle ne va pas loin, on le devine, elle reste autour du bateau. Je me rappelle des brumes pareilles, sur les côtes de Norvège. Mais des voix nombreuses répondaient à notre appel. Nous étions entre les îles. On apercevait tout à coup, dans les déchirures que les grandes meules de brouillard ont entre elles, des profils d'îles, la cime d'une forêt, le sommet d'une roche plate et un chien courant dessus. Ici, nous sommes dans le désert, ou à peu près ; rien ne répond, pas même la petite corne, manœuvrée au pied, d'une goélette de pêche, partie de Perros ou de Saint-Servan. La mer, — l'étroite mer visible, sur qui le brouillard s'appuie et glisse, — n'a plus de crête, ni d'aigrette d'écume ; elle est d'un vert pâle, et sans cesse traversée, à toutes les profondeurs, par de longs rubans d'eau jaunâtre, qui vont plus vite que les houles, et qui sont pareilles à des algues fuyant le long du navire, et pareilles à des bêtes. Je suis le manège inquiétant de ces lames-chattes, si longues, si souples. Souvent elles montrent la tête, leurs yeux s'épanouissent, leurs yeux qui sont tout, elles rient et elles plongent aussitôt. Je les ai vues aussi dans les nuits calmes, mais en nombre moins grand. Ce sont les mêmes. L'abîme en est plein. Nul ne peut dessiner la forme de ces yeux, mais leur regard va au cœur, parce qu'il est chargé de vie, et cruel affreusement. Comme tout cela nous guette, nous cherche, nous menace et nous revient après avoir fait un tour dans les grands fonds! Ces formes enlacées montent de l'abîme, éclairent la mer de ce regard qui ne s'est pas trompé, et qui nous a tous vus, et elles s'enfoncent un peu au delà, comme si elles se perdaient dans l'ombre blanche qui arrête tout, la lumière et le son, tout ce qui nous ferait communiquer avec le monde.

Vers neuf heures, je fais une seconde ronde. Toute la mer est dépolie, et l'air aussi, le blanc jaune de la brume, d'où filtrent un peu plus de rayons non brisés. Quand apercevrai-je la première moucheture de soleil? A force de guetter, j'ai vu mon gibier d'or. Ç'a été d'abord à la pointe d'un mât. Vous n'étiez donc pas hautes, brumes qui nous teniez en prison! Peu à peu, l'or du ciel, par des chemins secrets, a glissé dans le brouillard. J'ai vu des sentiers de joie descendre dans le gris. Ah! printemps de la mer, vous aussi, vous avez votre heure. Sur les labours de l'océan mes yeux ont retrouvé le vert des jeunes blés. Et je n'ai plus peur d'apercevoir, devant l'étrave, là, porté sur nous, flottant, perdu, le long corps vêtu de noir et la tête coiffée de blanc d'une goélette bretonne.

Jeudi 25 avril. — Voici la terre d'Amérique. Le beau bateau tout neuf a bien marché. A midi et demi, en avant et à tribord, une terre s'élève au-dessus des eaux limoneuses. Elle est plate et pareille à un banc de sable où des enfants auraient bâti des tours carrées, une ici, l'autre là, toutes sans toit. C'est Long Island. Nous suivons un chenal que des dragues à vapeur ne cessent de dégager, rejetant en dehors la boue de l'Hudson. Une caille, effarée, rasant l'eau, file vers la terre où je suis sûr, maintenant, que toute la moisson est drue et le nid des pies en échafaudage. Au loin déjà, très loin, dans la brume fine, j'aperçois le dessin de la baie de New-York et les bateaux nombreux, qui viennent de toute la terre et vont à toute la terre. Ils sont presque tous dans la demi-lumière, gris sur l'eau jaune; leurs fumées, toutes ensemble, allongées dans le ciel, forment un nuage pas plus gros qu'un trait de crayon. Un rayon de soleil tombe sur une voile petite, qui devient comme un phare. L'étendue magnifique est mesurée par des points colorés. Devant nous la côte grandit. La couleur des rives commence à nous venir, traversant le brouillard ; je vois le vert des pentes gazonnées, des bois dont la ramille est encore mal vêtue, des villas en ligne sur les falaises. La *France* incline enfin pour entrer dans l'Hudson ; nous doublons une pointe qui nous cachait la ville, et, à grande distance dans la brume, mais de face, nous voyons New-York. J'avais redouté ce moment. Eh bien ! non : je suis séduit ; la brume nous favorise. A travers ce voile lumineux, les maisons à vingt et trente étages, coupées ras au sommet, les campaniles, les clochers et les toits ordinaires de la pointe de Brooklyn semblent plus étroitement soudés les uns aux autres ; la base est presque cachée ; les plans s'effacent ; il reste une dentelure irrégulière, une bâtisse très haute, d'une richesse inusitée de mouvement, hérissée de minarets et d'aiguilles, et toute cette industrie a l'air d'une cathédrale maigre et qu'on n'aurait pas

1.

faite exprès. Le voile de brume se déchire, et ce ne sont plus que des maisons de rapport, bâties sur le modèle des piles de planches, auxquelles il faut laisser des jours, afin que l'air circule et que le bois ne pourrisse pas. Mais tout le charme ne s'en va pas, parce qu'il y a la couleur variée de ces façades, et leurs diverses lumières. Quelques-unes sont d'un grenat foncé, d'autres jaunes. J'observe à gauche la fusée magnifique d'un toit vert d'eau. La plus haute bâtisse est blanche, d'un blanc de nacre avec campanile rose ; elle mène le regard jusqu'aux nuages étendus sur la ville. Nous nous arrêtons, pendant que « la santé » monte à bord. Des journalistes croisent à tribord, sur un remorqueur, attendant l'autorisation d'embarquer sur la *France*. Le fort qui commande la rade a le pavillon à mi-mât, en signe de deuil, car les journaux, — déjà nous les lisons, — annoncent que plus de deux cents cadavres de passagers du *Titanic* viennent d'être retrouvés, flottant sur la mer. « La santé » apportait aussi les lettres. Parmi celles que je n'attendais pas, et qui m'émeuvent par leur âme vivante, l'une dit : « Cher monsieur

René Bazin, nous avons appris que vous étiez à bord de la *France*, et cette nouvelle nous a comblées de joie. Nous sommes des religieuses chassées de France par la persécution, nous aimons par devoir notre patrie d'adoption, mais nous ne pouvons oublier l'autre ! Tout ce qui nous vient d'elle nous fait l'effet d'un rayon de soleil. Vous nous trouverez peut-être indiscrètes, d'oser vous écrire ; cependant, si vous deviniez le plaisir que nous y trouvons, vous nous pardonneriez tout de suite. Nous n'osons pas vous demander de nous faire une petite visite, bien que nous ne soyons qu'à quelques heures de New-York. Acceptez du moins nos souhaits de bienvenue en Amérique... Vos compatriotes et vos bien respectueusement dévouées in X^{to}. » Hélas ! j'ai reçu plusieurs invitations de cette sorte, toutes signées de noms français, en diverses villes des États-Unis ou du Canada. Et je n'ai pas osé compter, de peur d'être trop triste.

Que cette apparition est loin de répondre aux descriptions qu'on m'avait faites des « gratte-ciel », et mon émotion de ressembler à tous les rires que j'ai entendus ! J'ai voulu renouveler l'expérience, et étudier, non plus de la mer, mais du milieu de ses rues, le paysage de la grande ville. Avant le coucher du soleil, j'ai ouvert la fenêtre de ma chambre, située au 11e étage de l'hôtel Vanderbilt. Me suis-je trompé? Mais non. Je domine toutes les terrasses de l'autre côté de l'avenue, toutes les maisons qui s'élèvent au delà jusqu'à l'East River. Et je vois une étonnante, une superbe mosaïque décorative. Évidemment, chacun des éléments disparates dont elle est formée peut être discuté. Mais ce champ de couleurs a une beauté grande. Je suis sûr que New-York est affreux sous la pluie. Mais le soleil du soir, celui des rayons plus dorés et des ombres plus longues, peintre, sculpteur et grand costumier du monde, rajeunit les lignes des toitures, les arêtes des balustrades et des cheminées, et met en magnificence tout ce qui a un éclat, toute pierre et toute poussière. Les premiers plans, jusqu'au bras de mer qui coupe en deux le paysage, ont une violence de ton méridionale. Le grenat des briques et des enduits domine. Au delà de l'immense berge bâtie que j'aperçois de ma fenêtre, l'East River flambe d'un feu gris d'argent ; elle est large, moirée, couturée de rides brillantes par le passage des bateaux de toute espèce. Au delà encore, la plaine bâtie s'enfonce dans d'incroyables douceurs de mauve et d'or. Deux ponts géants limitent à droite et à gauche ce vaste fragment de New-York qui appartient à nos yeux. Et tout cela n'est pas remarquable par le dessin. Il y a peu de formes belles, mais il y a une beauté singulière de couleur, dans ces zones successives de lumière, éclatantes d'abord, et peu à peu atténuées par les brumes du couchant.

La nuit est venue. Un autre décor succède à celui du jour. Toutes les rues, des milliers de rues que je ne soupçonnais pas, divisent en se croisant le double espace des ombres d'avant la rivière et des ombres d'après. Ni la tristesse, ni avec elle la grande paix des ténèbres n'ont pu s'emparer de la ville. La joie des grands feux de bois, l'étincelle, est partout. Les deux ponts mirent leurs puissantes lanternes dans les eaux, sur lesquelles mille fanaux de barques et de navires tremblent et s'avancent. A l'extrême horizon, sur la terre, dans la nuit, je découvre des lueurs minuscules qui sont des groupes de lampes électriques, comme dans le ciel des étoiles toutes menues. Et le nombre est si prodigieux de ces lumières, l'illumination est si puissante que le grand voile, toujours flottant sur les villes, est clair au-dessus de l'East River, clair au-dessus des quartiers qui sont au delà, mais non d'une seule teinte, comme est la vapeur rouge au-dessus de notre Paris. Par endroits, en beaucoup de ces avenues, de ces rues et de ces carrefours étendus devant moi, les lampes sont bleues, ou orangées, ou d'un or très pâle, et je ne puis dire la douceur de ces îlots d'une clarté de jour, d'une clarté matinale, dans la nappe couleur de nacre étendue entre la ville et la nuit.

Mais que d'hommes doivent souffrir et mourir pour que New-York soit ainsi parée !

Washington, 29 avril. — Un de ces hommes qui excellent à tout mettre en formules, et qui se donnent à bon compte une réputation d'originalité, m'avait dit : « Ils gâchent tout, la campagne d'abord ; elle est cultivée quelquefois. » J'allais avoir l'occasion de juger ce jugement. Nous partions, hier, de New-York pour Washington, où la Délégation doit être reçue par le Président. Le pays est d'abord marécageux. La ligne des rails passe au milieu de bois inondés, futaies abandonnées, où la gelée et le vent bûcheronnent seuls, cassant par la moitié des baliveaux de chêne qui tendent leur perchoir mort aux aigles de passage. Beaucoup de bouleaux, signes d'un sol médiocre, quelques hêtres, et des pâturages sauvages, où les plantes à larges feuilles, les roseaux et des buissons crépus font des îles nombreuses et d'un sombre vert parmi l'herbe nouvelle. Le vent était brutal, le vent de fin d'hiver qui secoue et déroule les bourgeons. Çà et là, des essais, non pas de culture, mais de villégiature : deux, quatre, dix villas posées dans une clairière sèche, et qui ne diminuaient point l'impression de solitude, et n'éveillaient pas même dans l'esprit le désir prompt à s'échapper, prompt à revenir : « Si j'habitais ici! » Non, pas même un dimanche. J'étais las de regarder ces étendues sans mouvement, qui n'ont ni passé, ni avenir, semble-t-il, et qui ne sont que des déserts, et des filtres pour l'air et pour l'eau. Mais, à une heure environ de New-York, voici que la terre se met à onduler, d'un beau mouvement de houle atlantique, régulier et large d'épaule. Les forêts s'éloignent jusqu'à ressembler à de l'herbe au sommet des dernières collines. Partout des pentes labourées, des froments jeunes, des avoines, champs que rien ne sépare l'un de l'autre, ni haie, ni barricade, et que dessinent seulement la couleur et l'humeur des épis. Au milieu, bien situées, de grandes maisons de ferme, bâties en planches, peintes en clair, et, tout près, des granges goudronnées comme une coque de navire. Autant qu'il est possible de juger, quand on passe à quatre-vingts kilomètres à l'heure, les paysans ou plus exactement les entrepreneurs de ces vastes cultures sont des gens entendus. Puis la forêt reparaît, le train traverse un pont au-dessus d'une rivière ; une ville toute en usines, en fumée, en tapage, enlaidit la rive droite d'un estuaire vaseux. Elle est déjà oubliée. Toutes les fenêtres du wagon reçoivent une lumière plus ardente : à gauche, aussi loin que les yeux peuvent voir, il y a des eaux qui emplissent l'horizon.

Ce n'est pas la mer, et, si je ne le savais pas, je le devinerais aux rides du courant, aux sables qu'il entraîne et aux moires épanouies. Le vent non plus n'est pas marin. Il n'a pas le goût du sel, ni la jeunesse de ce qui n'a pas touché la terre. Mais ces larges eaux ne ressemblent point à celles d'Europe, à celles du moins qui me sont familières. Elles me rappellent seulement les fleuves débordés. On ne les voit point dominées par des caps, ou des collines, et les courbes des terres qui limitent leur cours, et les pointes de forêts qui s'y enfoncent, n'étant point d'un sol élevé au-dessus des eaux, semblent nager sur elles, et y mirer leurs arbres sans racine et sans herbe à leurs pieds. Ces grands fleuves enflés de lacs sont répandus encore sur des terres qu'ils abandonneront un jour, ils vivent leur période d'inondation permanente. Si vite que passe le train, j'ai le temps d'éprouver l'impression de solitude magnifique de celui qui s'avancerait ici, dans un canot, dans la pleine lumière. Aucun bateau visible. Ces eaux inhabitées, immenses, venues à travers toutes les Amériques, les terres à blé et les bois, font des clairières de soleil, et les nuages au-dessus luisent. Déjà la terre monotone des fermes, des bois, des herbages, a repris sa course aux deux vitres du wagon.

Cette impression des eaux jaunes, prodigieuses, à la mesure de ces continents nouveaux, je l'ai éprouvée ce matin comme hier. A onze heures, la « Délégation Champlain » était réunie sur le quai du Potomac. Nous avions avec nous le ministre de la Guerre, le chef de l'État-major général de l'armée américaine, l'ambassadeur de France, plusieurs autres personnages officiels. Un piquet de soldats rendait les honneurs; dix-neuf coups de canon saluaient les couleurs françaises que venait de hisser la canonnière *Dolfin*, et la musique du bord jouait la *Marseillaise*. Nous allions visiter Mount-Vernon, l'ancienne demeure de Washington. En peu de temps nous perdons de vue les quelques usines à haute cheminée que cette ville des avenues, des jardins et des parcs a laissé bâtir sur la rive du fleuve, et nous nous avançons, toutes les fumées et les maisons étant restées en arrière, au milieu de ces grands espaces d'eau qui, n'ayant pas de montagnes pour les contenir, n'ont pas

d'ombre sur eux et ne reflètent que du ciel.
Le *Dolfin* suit un chenal à distance à peu près
égale des deux rives. Celle de droite est
relevée en talus. Tout est boisé, cette pente,
l'autre bord qui est plat, les anses qui s'ouvrent et éclatent tout à coup, comme des bulles
de lumière, et les petits caps de lagunes, très
lointains, qui n'ont point de relief, et qui portent sans se montrer, aussi avant qu'ils peuvent dans le courant, la découpure nette d'une
ligne d'arbres. Lorsque nous nous approchons
un peu plus des rives, les différentes et jeunes
frondaisons apparaissent, et, parmi elles, des
fleurs blanches. Je crois d'abord que ce sont
des aubépines. J'ai vu de si beaux aubépins, à
Regent's park, et qui feraient, dans une futaie,
des taches pareilles à celles-ci. Mais non, pas
pareilles, car l'aubépine est un buisson, un
fouillis de bouquets d'étoiles, et fleuri jusqu'en
dedans : ce que j'aperçois, sous les futaies,
parmi les hampes jeunes, les baliveaux et les
végétations protégées, c'est un arbuste dont
les branches en éventail, comme celles d'un
hêtre, portent de larges fleurs, d'un blanc
soyeux, un arbre qui a ses fleurs avant ses

feuilles, ce qui est une permission donnée à quelques-uns, pour notre joie. Je demande à une Américaine. « Nous l'appelons dogwood », me dit-elle. Et je crois voir que les dogwoods se multiplient, à mesure que nous avançons vers Mount-Vernon. Ils blanchissent l'ombre bleue, quand la futaie se creuse, s'enfonce dans une faille, et fait un pli comme un livre entr'ouvert. Des mains se tendent vers cette pente forestière interrompue, fuyante, et désignent un point blanc, tout en haut. La canonnière ralentit sa marche, des fusiliers de marine, en armes, se rangent sur le pont, face à la terre. Les conversations cessent. Nous allons passer devant le tombeau de Washington, qui est là-bas, entre les arbres du parc. L'officier qui commande le piquet d'honneur tient son sabre levé. Tous les invités du Président et les marins de l'équipage sont debout et découverts. La musique, à l'avant du bateau, joue l'hymne américain. A peine la dernière phrase musicale a-t-elle commencé de courir sur les eaux, qu'un clairon, du milieu du bateau, derrière le piquet des fusiliers, salue à son tour le héros. Il l'appelle. Il jette aux collines d'en face, par deux fois, une plainte déchirante, et ces notes prolongées, d'une tristesse inattendue, m'émeuvent. J'admire ce peuple où se fait passionnément, en toute occasion, l'éducation du patriotisme. Je sais qu'il a une marine redoutable, dont les équipages, autrefois très mêlés d'étrangers, sont aujourd'hui presque entièrement américains. Je pense que ce salut au fondateur des États-Unis, il n'y a pas un grand ou un petit bateau passant en vue de Mount-Vernon, qui ne l'adresse à sa manière, chacun ayant à bord une sirène, un sifflet, un drapeau étoilé, ou un marin levant son bonnet. C'est une chose émouvante de voir grandir un pays. Et nous qui avons tant d'ancêtres, tant de héros tombés pour la patrie! Chaque colline et chaque plaine de France abrite un mort glorieux ou plusieurs inconnus qui ont peiné et mérité. Nous pourrions aller tête nue par nos chemins, et le clairon pourrait tourner dans tous les sens son pavillon. Tant d'amour qui servirait encore! Passé précieux et gaspillé! L'Amérique ne laisse pas perdre une parcelle du sien.

Nous descendons dans des canots automo-

biles qui nous mènent à terre. Les groupes
s'engagent dans les allées d'un parc en pente
rapide, les unes décrivant des lacets à travers
les bouquets d'arbres, et la plus grande, car-
rossable, montant presque droit, avec sa large
banquette de briques posées sur champ. J'imagine les attelages et les lourdes berlines du
seigneur qui habitait là-haut. A présent, cette
avenue ne connaît plus le poids des roues, à
moins que ce ne soit d'une charrette de feuilles
mortes ou de foin ; le tombeau du maître est à
mi-colline, chapelle rouge dans la verdure ; il
ne vient plus que des visiteurs, par la voie du
fleuve, et la maison est à jamais inhabitée. La
maison, longue, plate et blanche, posée à la
crête du plateau, regarde, par-dessus les pelouses, tout un pays, les eaux coudées du
Potomac, et les forêts qu'en s'écartant elles
enveloppent et limitent de leur lumière. En
arrière, elle a son accompagnement obligé de
dépendances et de communs, son village, ainsi
qu'on peut le voir, aujourd'hui encore, dans les
domaines seigneuriaux d'Angleterre, cuisines,
maisons du jardinier, boulangerie, et dix autres
pavillons, y compris celui qui servait à fumer

les jambons. Devant la demeure du jardinier, — quel poste enviable ! — des bordures de buis d'une authenticité certaine, des buis taillés en murets, en corbeilles, en pétales de lis, des buis dont on aperçoit la membrure tordue et dégarnie à moitié, vestiges encore somptueux, abritent des fleurs dont un curé de village ne voudrait plus, primevères, oreilles d'ours et pensées. Je n'ai pas vu le jardinier. Il n'est pas fonctionnaire. Il dépend de la « Mount-Vernon ladies association », qui conserve à l'admiration de l'Amérique le domaine du grand homme ; et je le crois assuré de ne point déplaire, s'il remplit bien son rôle de retardeur de la mort et de défenseur des bosquets. Quels beaux moments il doit connaître ! Lorsque la nuit d'été va commencer, — tous les visiteurs partis, et le petit pavillon d'accostage n'étant visé par aucune proue, — quelle splendeur pour lui ! La ville, au loin, mijote dans la chaleur humide de l'été. Les habitants riches ont tous quitté la capitale politique ; les mouches à feu traversent les avenues. Le jardinier de Mount-Vernon, debout au-dessus d'une contrée assoupie, regarde d'en haut les bateaux qui passent, et le premier souffle de vent est pour lui, que la brise se lève du fleuve, ou de l'océan invisible, ou des forêts qui l'ont gardée fraîche tout le jour, parmi les mousses, et capable seulement d'un vol court.

Washington, après une soirée. — Parmi les gloires américaines, il faut célébrer l'œillet rose et la rose qui a nom, équitablement, « american beauty ». Ce sont des fleurs de grande santé, d'une richesse de ton qui ne heurte pas et ne fatigue pas ; elles ont le parfum non pas subtil, mais d'une fraîcheur vive et durable ; elles coûtent cher ; elles meurent à profusion sur les tables et dans les salons ; on m'a dit qu'elles vivaient en serre, — du moins les premières de la saison, — et si j'en préfère d'autres, je ne veux pas le savoir, mais elles ont le droit d'être aimées.

A la fin d'un de ces dîners d'apparat qui ont groupé, chaque soir, les membres de la délégation Champlain, j'ai posé cette question à mes voisins américains :

— Ne pensez-vous pas que l'Amérique, qui a eu un bel éveil littéraire, avec Longfellow,

Edgar Poë, Thoreau, Hawthorn, aura un jour sa grande période de littérature et d'art?

Un citoyen considérable des États-Unis a répondu fermement :

— Non.

— Parce que?

— Nous ne faisons rien pour cela. Nous ne le désirons pas.

— Les Barbares ont dû dire comme vous.

— Pas tout à fait. Ils brisaient les œuvres d'art : nous les achetons.

— Comment pouvez-vous admettre que votre patrie pourra manquer, toujours, de génies créateurs? Vous acceptez qu'elle n'ait qu'une civilisation moindre? Toute matérielle?

— Oui, surtout matérielle, nos profits nous permettant de jouir, comme d'un luxe, des arts qui n'auront pas fleuri chez nous. Nous buvons votre champagne : c'est la même chose. J'accepte très bien l'idée d'une Amérique tributaire de quelques nations anciennes, pour les jeux de l'esprit.

— Ce que vous appelez jeu, c'est la vie même. Je vais vous dire le rêve que j'ai fait. Je suis, pour vous, plus ambitieux que vous.

Ma voisine, Américaine, écoutait de ses deux yeux où il y avait une mine d'or et une forêt mêlées, tandis que mon interlocuteur, comme un taureau qui va charger, baissant un peu sa face carrée, coiffée d'une lamelle de cheveux noirs, fixait sur moi des prunelles non habituées aux nuances, et qui ne cessaient de dire : « Non, non, non. »

— Pourquoi pas ? Vous dites que l'éducation, l'exemple, la lecture des journaux, le besoin de luxe, développent jusqu'à la folie l'ambition de la richesse, et que toute la puissance des esprits américains est captée par les affaires. Vous faites de l'hyperbole, tout simplement, comme les poètes. Vous oubliez de quels éléments votre peuple est fabriqué. C'est un alliage où il entre de tout. Il n'est pas possible que, de tant de races qui se rencontrent ici, et se fondent, quelques hommes ne naissent pas, doués du génie qui fait les grands poètes ou les grands peintres. Je suppose qu'ils naissent. Que leur faut-il pour devenir illustres ? L'admiration ? Ils auront celle des femmes américaines qui ont cent fois plus de culture que leurs maris. Elles proclameront que ce livre est très beau et que ce panneau décoratif est une merveille. Elles y mettront la passion de la découverte, et la ténacité de l'amour-propre. Et les hommes ne tarderont pas à les croire, et à répéter : « Nous avons de grands artistes », non parce qu'ils goûteront le livre ou la peinture, mais par patriotisme, et parce que les Américaines l'auront dit. Alors, le monde sera averti et sommé de ne pas marchander son admiration à l'Amérique pensante, versifiante, romanisante, à l'Amérique décoratrice ou musicienne. Vous élèverez un palais à l'art américain ; vous ferez faire, en or, la statue de vos poètes vivants, et vous mettrez un droit *ad valorem*, prohibitif, sur tout exemplaire importé d'Homère, de Dante, de Racine ou de Shakespeare. Vous pouvez rire de mon rêve. Il est pour le bel honneur de l'Amérique.

Ma voisine approuvait, et disait :

— Oui, les femmes inventeront les génies.

L'homme politique riposta, rudement :

— Qu'elles les fassent donc : c'est beaucoup mieux leur rôle.

Une grande dame, anglaise, resta droite, et dit :

— Parce qu'ils commencent, ils s'imaginent que les autres finissent. La vérité est qu'ils commencent, et que les autres ne finissent pas.

Je me souvenais de ce fragment de conversation, en recevant, à l'hôtel, et au moment où j'allais quitter Washington, la visite d'un Français. C'était un religieux, jeune encore, et que j'avais connu en France. Nous avions, à nous retrouver, cette joie et cette peine qu'on imaginera. La joie cependant dominait. Nous ne pouvions nous faire qu'un petit nombre de questions, car le temps pressait. Les premières furent : « Vous souvenez-vous ? » La seconde : « Parlez-moi de la France. » Et, en finissant, mon ami me racontait sa vie en exil. Il professe à l'Université catholique de Washington. Je demandai :

— Vos étudiants ont-ils le goût de la philosophie et de la théologie ?

— Remarquablement, me répondit-il. J'avais été l'objet de grandes commisérations, le jour où l'on avait appris que je devais enseigner en Amérique. « Les Américains, me disait-on, ne vous suivront pas ; ils ne sont pas doués pour d'autres sciences que les mécaniques et les mathématiques. » Or, cela n'est pas vrai. Vous pouvez le dire hardiment. L'esprit philosophique est répandu en Amérique ; je suis frappé du progrès rapide, de l'aptitude, de la vigueur et de la bonne volonté intellectuelle que je rencontre parmi mes auditeurs. Vous ne sauriez croire, au surplus, l'admiration de l'Américain, en général, pour toute intellectualité.

3 mai. Lac Champlain. — Nous avons, ces jours derniers, assisté à un bal donné par la « Société des Cincinnati. » Les descendants de ceux qui ont combattu, dans la guerre de l'Indépendance, portaient, hommes et femmes, un bijou qui rappelle cette noblesse. A Philadelphie, on nous a montré la *maison de l'Indépendance*, la cloche, aujourd'hui fêlée, qui sonna la liberté de l'Amérique, et, dans les salles du premier étage, les portraits des Américains et des gentilshommes français qui se battirent pour la même cause. Il y a partout, ici, un respect du passé, une recherche des moindres bribes d'histoire et de tradition. Les

Américains réussissent, à force d'amour, à faire une grande histoire avec un court passé. Et nous? Quels mauvais trésoriers de l'histoire de France nous avons eus! Dix peuples pourraient se faire des ancêtres avec ceux que nous avons vu calomnier, oublier, effacer. La joie est vive, lorsque des étrangers célèbrent quelqu'un de ces Français d'autrefois, et nous rappellent la parenté. Nous avons eu cette joie aujourd'hui, de l'aube à la nuit.

Depuis hier soir, nous voyagions en train spécial, afin de gagner les rives du lac Champlain. Ce matin, à la première heure, la sensation d'immobilité m'éveille. J'ouvre la fenêtre du Pullman, et je reconnais qu'en effet nous sommes arrêtés, sur une voie de garage, en rase campagne. Le jour est levé, le soleil ne l'est pas, mais va paraître. J'ai devant moi, à droite de la ligne du chemin de fer, des terres baissantes, herbues, sauvages à la manière des pâtures délaissées; au delà une maison grande, sous des ormes, et au delà encore les eaux du lac, dont le luisant ne m'arrive que par lames, entre les brouillards blancs qui voyagent et qui montent. Le silence est admirable. C'est la saison, — déjà passée chez nous, — où les merles, à l'aube, se posent sur la pointe des arbres. Ils n'y manquent point. La dentelure des collines, au delà du lac et au-dessus des brouillards, devient d'un bleu vif, et soudain le globe du soleil dépasse le bord de l'écran. Aussitôt, un gros héron butor, qui regagne les bois, arrive au vol, les pattes en gouvernail et franchit le remblai. J'entends le bruit de rames de ses ailes courtes. J'entends venir un train, de l'extrême horizon, et le bruit est si menu qu'il rend présente l'immensité du paysage où il se dilue. La paix primitive est encore ici. Je sors, je vois, sur la gauche de la ligne, des plans successifs de collines boisées, dont les dernières ont un air de montagne. Ce sont les monts Adirondacks. On les appelle montagnes vertes, dans le pays, mais elles regardent le matin, et des milliards de bourgeons, tout empâtés, les habillent de pourpre. Chênes peut-être, érables probablement : ce bel érable qui a deux saisons rouges.

Vers huit heures, des automobiles viennent nous chercher. Je monte dans la première, avec Hanotaux et deux autres de nos compagnons. Nous n'avons pas un long chemin à faire : une côte entre des futaies claires, un palier de peu d'étendue, un tournant à gauche, une belle courbe descendante, jalonnée d'arbres verts, et nous voici devant le perron d'une grande villa, au bord de l'eau. Nos hôtes pour la matinée, Mr. et Mrs. S. H. P. Pell, s'avancent sous la véranda. L'automobile s'arrête, et, à ce moment, un petit coup de canon retentit en avant. Nous regardons dans la direction d'où le coup est parti, et nous voyons l'herbe de la prairie toute constellée de drapeaux tricolores. Une seconde automobile arrive ; elle est saluée comme la nôtre. Dans la belle maison très claire, très blanche, ornée de portraits de famille et de gravures anciennes représentant les aspects d'autrefois de ce lieu tout ennobli d'histoire, nous sommes accueillis avec une grâce intelligente, et une science du monde qui laisse transparaître un cœur attentif et vrai. Il y a des minutes où de simples particuliers et de simples actions deviennent des arguments en faveur d'un pays. Et je ne pourrai plus entendre médire de l'esprit américain, sans me souvenir de l'hospitalité des Américains de Ticonderoga. Le nom est le nom indien de la forteresse qui fut confiée par Louis XV au marquis de Montcalm. Les Français disaient, disent et diront encore « Carillon. » A Carillon, le 8 juillet 1738, le marquis de Montcalm n'avait que 3.570 réguliers, 87 marins, 85 Canadiens et 16 sauvages sous ses ordres, c'est-à-dire 3.758 soldats ; mais il était retranché dans les bois, et il avait un refuge, en cas de besoin. Abercromby commandait une armée de 16.500 hommes, et il s'avançait pour vaincre cet ennemi faible et pour établir définitivement la domination anglaise sur le Canada. L'heure n'était pas venue. Une fois de plus, bien que l'ennemi fût vaillant et obstiné, la France, à armes inégales, fut victorieuse. En entrant dans la maison de Mr. Pell, nous nous rappelons cette date, ces chiffres, et tout leur bel honneur. Nous nous souvenons que le matin, dans cette forêt où nous allons entrer tout à l'heure, Montcalm, enlevant sa veste et l'accrochant à une branche d'arbre, dit à ses hommes, qui achevaient de garnir de pieux les retranchements : « Enfants, la journée sera chaude. » Nous nous rappelons que, le soir, à cette même place, à la lueur longue du jour allongée par le reflet du lac, il écrivait : « Quelle journée pour la France! La trop petite armée du Roi vient de battre ses ennemis... Ah! quelles troupes que les nôtres! Je n'en ai jamais vu de pareilles. »

En combien de lieux de la terre, chez les autres, notre mémoire ne pourrait-elle pas nous parler ainsi, tout bas, de la gloire de nos armes? Mais ce qui est délicieux, c'est que la famille étrangère qui nous reçoit se souvient aussi, et qu'elle comprend, et qu'elle sait encore autre chose que de l'histoire. Tandis qu'on nous sert un premier déjeuner d'une ordonnance jolie et méditée, — il y avait jusqu'à des fruits de Californie ou de Floride jetés dans du vin aromatisé, — nos hôtes et les parents de nos hôtes nous parlent de cette France qu'ils connaissent, et qu'ils aiment, de Jacques Cartier, de Roberval, de Champlain « père des sauvages », des missionnaires, de Frontenac, de Vaudreuil, de Montcalm. Ces noms revivent, et ceux des adversaires. Nous apprenons que Mr. Pell a voulu acheter tout le territoire où se battirent, autour de Carillon, les Français et les Anglais, afin qu'on ne puisse y bâtir d'hôtel, et diminuer le caractère sacré de ce paysage. N'est-ce pas un joli trait, et appartient-il, par hasard, à cette « civilisation matérielle » dont on fait aux Américains, tantôt un reproche, tantôt un si lourd compliment?

Nous sortons de la villa ; nous traversons la prairie, et, le terrain se relevant un peu, nous sommes devant un fortin carré, en pierre, protégé par des fossés. Les propriétaires l'ont restauré, mais la plus grande partie de ces moellons sont véritablement des pierres de guerre, et les poutrelles noires des chambres ont bruni à la fumée des pipes que fumaient, dans l'hiver dur de ces climats, les enfants perdus et presque abandonnés des régiments de France. On pense à ces reproches qu'ils devaient faire, aux nouvelles apportées par les sauvages, au vent qui soufflait, à la tempête de neige, et au « quand même » qu'ils disaient tous, après avoir grogné. Le fort est pavoisé en notre honneur. Sur la façade, une plaque de bronze porte cette inscription : *Germain redoubt, constructed by captain Germain, ré-*

giment des Gardes de la Reine, in 1758, by order of the marquis de Montcalm, in command of the fortress of Carillon. Le long de l'ancien chemin couvert, tranchée aujourd'hui, nous montons vers l'intérieur des terres. Devant nous, à cinq cents mètres, de hauts glacis couronnent la colline, et cachent, jusqu'à la toiture, une construction qui devait servir de logement aux officiers. J'aperçois deux drapeaux claquant à la pointe de deux perches immenses, et plus bas comme une corbeille de fleurs violettes, — mouvantes, car le vent est vif, — où ils auraient été plantés. Mais personne ne m'explique encore ce que nous allons voir. Et Mr. Pell, qui marche près de moi, se baissant, cueille la feuille laineuse d'une plante sauvage et me dit : « Gardez-la, en souvenir. Ici même, voilà quelques années, nous avons voulu faire une tranchée. Aux premiers coups de pioche, les ouvriers ont découvert des corps couchés, revêtus d'uniformes galonnés. L'ordre a été donné aussitôt de reniveler le sol et de n'y plus toucher. » Je continue de gravir la colline. Il faut tourner pour trouver l'entrée de la forteresse de Carillon. Une douzaine de canons, en dehors, sont encore braqués sur le lac et sur la petite montagne voisine, « le mont de France », d'où tirait l'artillerie anglaise. J'entre dans la forteresse. Elle est en atours de fête. Elle attendait la France. Ah! la voici qui est venue, la France. Et elle voit, devant la façade du vieux logement de Montcalm, dix étendards de soie que le vent déplie et qui retombent, pesants, sur la hampe, carrés violets bordés de blanc, panneaux bleus barrés de rouge, panneaux multicolores, tous les étendards des régiments de France qui furent représentés à la bataille de Carillon. Les couleurs victorieuses revivent dans la lumière. Et, bien au-dessus, dominant les talus et les toits, deux grands drapeaux protègent les autres, les commandent et les expliquent : le drapeau étoilé de la jeune Amérique, et le drapeau de l'ancienne France, tout blanc, fleurdelisé. Mes yeux se sont emplis de larmes, et je crois bien que deux larmes ont coulé. Je suis sûr qu'elles disaient : « Vive cette Amérique-là, qui a le cœur profond! » Elles disaient autre chose encore, et je me sentais vivre dans la France d'autrefois, unanime.

La maison du fort est devenue un musée. Des épées, des fusils, des balles, des lettres, des clés, des bêches qui se sont battues, elles aussi, en élevant des retranchements, des gravures de plusieurs époques sont là, pendus aux murailles ou serrés dans des vitrines, jusqu'à une vieille montre que le journal de la forteresse, — conservé également, — disait avoir été perdue parmi les ruines. Nous nous attardons, et je vois que nos compagnons de voyage parlent moins que tout à l'heure. Mais, lorsque nous faisons le tour des talus de Carillon, et que nous observons, dans la pleine clarté de dix heures du matin, toute la contrée que commande le vieux fort, les paroles reviennent, la joie aussi. Au delà des terres descendantes, au delà du lac, étroit en ce point, les collines s'étagent, et le bleu des lointains s'affermit jusqu'à dessiner des lignes nettes sur l'azur pâle du ciel. Quelqu'un dit :

— N'êtes-vous pas d'avis que cela ressemble à la plaine de Pau, vue de la terrasse ?

En effet, si j'efface de mon souvenir l'image des eaux bleues, que ne rappellent en aucune façon les eaux du lac Champlain, troublées par la fonte des neiges, et qui refusent le ciel, les deux paysages ont une parenté de mouvement. L'atmosphère même est transparente ici, et favorable aux architectures étagées des lointains.

Un autre de nos compagnons, qui observe plutôt la forme longue du lac, et la couleur des arbres de premier plan, dit, presque au même moment :

— Je crois voir les Vosges, avec Retournemer et Longemer.

Tous d'ailleurs, nous reconnaissons ici des harmonies françaises.

Quelques heures plus tard, nous sommes sur une pointe de terre, loin déjà du fort de Carillon, au pied d'un phare de pierre blanche. Le phare domine un meulon de mauvaise rocaille, unique, debout parmi des lieux bas et des prairies. Quel désert ce doit être, et depuis l'origine du monde, cet éperon que bat la vague courte du lac Champlain ! Mais aujourd'hui les gens des villages américains, ceux qui habitent dans les monts Adirondacks, ceux de l'autre côté de l'eau, mineurs, fermiers, et quelques industriels, ou des pêcheurs de truites venus pour préparer la campagne prochaine, sont accourus à *Crown point*. Des chevaux, au piquet, broutent dans les prairies ; d'autres sont attachés aux branches d'un fragment de haie, reste peut-être d'une plantation faite par la main d'un vieux Français jalonneur et jaloux ; des carrioles américaines, — un petit siège sur quatre roues légérissimes, — des chariots, vingt automobiles sont épars dans les herbes, tandis qu'autour du phare, à tous les degrés du raidillon de pierre, assise sur des planches ou sur la terre, la population mélangée, familière, contenant mal les enfants qui trottent comme des cailleteaux, écoute, comprend ou fait semblant de comprendre les discours qui glorifient Champlain. Le médaillon de bronze qui représente la France, l'œuvre de Rodin apportée par nous, est déjà posée dans sa niche, face au large. Le vent souffle. Il fait vibrer les dix cordes tendues depuis la lanterne du phare jusqu'à terre, en couronne, et claquer le grand pavois, tous les drapeaux qui les ornent. Et, comme j'ai de longues distractions lorsque le discours est en anglais, j'entends ce que disent les drapeaux :

— Les voyez-vous, ces hommes assis au premier rang ? Ils ne sont pas d'ici.

— C'est évident qu'ils ne sont pas d'ici ! Vous parlez pour dire peu de chose : sont-ils tannés par le grand air ? Ont-ils l'honnête laisser-aller du citoyen américain ?

— Je suppose qu'ils sont de Paris ?

— Vous avez un moyen bien simple de le savoir, mon cher. Ne faites pas tant de bruit ! Écoutez ! Quand ils sont de Paris, ils ne manquent jamais de le dire !

— ... Justement, l'orateur vient de le proclamer : ils viennent de Paris.

— Pas très étendue, la France !

— Pas très redoutable !

Un drapeau sur lequel il y avait de la fumée noire dit :

— Pas très sérieuse !

Alors, le drapeau anglais, qui n'avait rien dit, claqua d'un coup si sec qu'un fouet n'aurait pas mieux fait.

— Très sérieuse, mon cher. J'ai connu les Français, à une époque où vous n'étiez pas grand'chose, soit dit sans vous offenser. J'ai connu Champlain. Il avait l'air jovial. Il plaisantait volontiers. Les sauvages lui disaient : « Nous aimons que tu nous parles. Tu as toujours quelque chose de joyeux à dire. » Mais, croyez-moi, je m'y entends : c'était un colonial, et un rude adversaire. Je dis adversaire, parce que c'est le nom qu'on donne à ses anciens ennemis quand ils sont devenus nos amis, vous comprenez ?

— A peu près.

Je laisse les drapeaux s'agiter. Je pense à ce brave dont c'est la fête, en ce moment, à sa petite ville de Brouage, endormie et ruinée dans les herbes, aux rêves de gloire qu'il y fit, tout jeune, semblable en cela à beaucoup d'hommes de son temps, et qu'il accomplit parce qu'il avait un cœur capable de souffrir pour son amour. Or il aimait la France : il la quitta pour la mieux servir ; il emporta d'elle, aux Indes Occidentales et plus tard au Canada, pauvre compagnon, une image parfaite et toute sainte. Presque seul parmi les sauvages, ayant chargé sur ses fortes épaules des rames, des provisions et la couverture où il se coucherait pour la nuit, éprouvé par le chaud, le froid, les moustiques, la longueur des exils et l'incessante trahison des hommes, il allait, sur les terres mêmes où nous sommes, à la découverte, voyant un monde nouveau se lever autour de lui, et le donnant à son maître du ciel en même temps qu'il le donnait au Roi, secrètement, à chaque heure, à chaque regard par quoi il prenait possession de ce monde inconnu. Car il disait : « Les rois ne doivent songer à étendre leur domination dans les pays infidèles, que pour y faire régner Jésus-Christ. » Le commerce n'était pas oublié. Mais quelle humanité supérieure ! Elle est encore vivante, méconnue seulement. Champlain a passé ici. Je songe que ce paysage a été reflété dans ses yeux comme il l'est dans les miens. Ce paysage ? Est-ce bien sûr ? Où sont les témoins certains ? Ce n'est pas la prairie, qui est neuve. Ce ne sont ni les arbres, trop jeunes pour l'avoir pu connaître, ni les eaux qui ont changé, ni les nuages, ni les ancêtres même des spectateurs rassemblés sur cette grève : à peine peut-on dire que le mouvement du sol chantait, comme aujourd'hui, le même vers dans l'hymne universel.

Huit heures du soir. — Nous avons repris notre train spécial, et longé, aux dernières heures du jour, le lac Champlain. Il n'y a pas deux semaines que la débâcle des glaces a donné le signal du printemps. Déjà les bouleaux, au bout de leurs branches d'acier menu, ont des pendentifs d'un vert pâle. Les eaux sont devenues, vers le nord, extrêmement larges. Nous cherchons, dans la campagne où la lumière s'éteint, les clochers de chez nous. Les villages, à présent, sont presque entièrement habités par des Canadiens émigrés. Nous approchons de la frontière. Voici deux grandes fermes bâties sur le dos d'une longue et large vague de terre parallèle au remblai. Elles doivent voir, dans les demi-ténèbres, la fumée, qui est rouge en dessous, de la machine, et les panneaux de lumière entraînés sur les « lisses ». Nous, le front appuyé aux vitres, nous voyons, car la distance ne doit pas être de trois cents mètres, des constructions nombreuses, trapues, faites en planches et qui ont l'air d'être posées sur le sol nu ; puis des champs qui attendent la charrue. Un peu de neige dort et meurt en dormant dans le creux d'un sillon. « Ne trouvez-vous pas que les clôtures sont plus rapprochées? — Oui, besoin d'intimité : la famille et les champs sont comme chez nous, serrés autour des chefs. Voyez cette palissade qui clôt la jachère? — Et la ligne de poteaux autour du pré! — Et la haie! Oui, une haie! une clôture vivante! Ah! monsieur, qu'elle fleurisse seulement, et je me croirai à cinquante lieues de Paris! — Regardez l'homme, à présent! » Il rentrait le dernier, lent, balancé sur ses jambes, un peu courbé en avant et les bras dépassant la ligne du corps, comme s'il tenait la charrue. Mais je voyais bien qu'il causait avec sa terre, en marchant, et qu'il avait si profond dans l'esprit l'espérance et le souci du printemps, que le passage du train n'interrompait pas le songe. Il revenait. Il était une ombre dont la forme s'est promptement fondue avec les mottes et couchée dans l'universelle ténèbre, et il n'y eut plus, pour nous déjà bien loin, qu'une fenêtre éclairée, un point lumineux, dominateur et doux sur la courbe invisible, et vers lequel le fermier s'avançait.

La nuit est venue. Le sommeil commence à nous prendre. Tout à coup je sursaute. Le train s'arrête. Nous sommes enveloppés d'une foule qui crie. Le nègre se précipite pour empêcher ces voyageurs d'envahir les wagons. Le bruit augmente. Hanotaux paraît à l'extrémité de la voiture, et appelle à haute voix : « Monsieur de Rochambeau? Général Lebon? Barthou? Lamy? René Bazin? Blériot?... » et tous les autres noms successivement. Il nous presse : « Dépêchez-vous! On veut vous voir! Le train ne s'arrête que cinq minutes! » Nous accourons. L'un après l'autre, nous apparaissons sur les marches du petit escalier du Pullman : mille, deux mille personnes peut-être se pressent sur le quai de la gare ; hommes, femmes, enfants, tous nous tendent les mains ; tous essayent d'approcher; tous crient : « Vive la France! Vivent les Français! Parlez-nous! Parlez-nous! Vive la France! » Je ne sais plus ce que j'ai dit. J'ai crié : « Vive le Canada! » Je crois que j'ai promis de revenir! Déjà! Les visages étaient de ceux que j'ai toujours connus. Les yeux brillaient d'une amitié sans étonnement, qui est celle de la race.

Quand j'ai demandé :

— Où sommes-nous?

— Saint-Jean ! Et vive la France ! m'ont-ils répondu.

... Le train s'est remis en marche. Les lumières de la gare de Saint-Jean sont menues comme un grain de poudre qui flamberait dans la nuit. Nous serons bientôt à Montréal.

Dimanche 5 mai. Montréal. — Hier soir, les Montréaliens nous ont reçus d'une façon magnifique, dans la grande salle de l'hôtel Windsor. Et, quand mon tour a été venu, à la fin du dîner, de saluer le Canada, je n'ai eu qu'à raconter mon émotion de l'après-midi et de la nuit d'avant-hier.

« La courtoisie traditionnelle et si haute de l'Angleterre ne sera pas surprise si, venant pour la première fois dans ce pays, et y rencontrant de lointains et chers parents, c'est à eux que j'adresse mon salut.

» Canadiens-Français, j'ai deviné à plus d'un signe, et longtemps d'avance, hier, que nous approchions de votre pays.

» Dès le sud du lac Champlain, j'ai commencé d'observer que les labours étaient bien soignés. Les mottes s'alignaient droit, sans faire un coude, tout le long des guérets. A peine la neige avait fondu, que déjà de grands amis de la terre, de fins laboureurs ouvraient les sillons pour la semence. Et j'ai pensé : c'est comme chez nous ; quand les hargnes de mars sont passées, la charrue mord les jachères.

» Un peu plus loin, j'ai vu des haies, des palissades plus multipliées qu'en pays de New-York. L'espace était immense, mais il était clos. Et j'ai pensé : ce sont bien sûr nos gens, qui aiment à être chez eux !

» En même temps, le caractère des paysages, par la culture qui fait une physionomie plus souple et plus vivante au sol, le caractère des paysages changeait. Quelques-uns de nous disaient : « N'est-ce pas notre plaine ? N'est-ce pas nos montagnes ? N'est-ce pas notre claire lumière ? »

» Dans un chemin, j'ai vu beaucoup d'enfants. Et j'ai dit : nombreux, mutins, bien allants, ce sont leurs fils !

» J'ai aperçu, enveloppé d'ormeaux, un clocher fin, tout blanc, d'où partait l'Angelus du soir, et j'ai dit : puisque mon Dieu est là présent, les Canadiens sont tout autour !

» Et, en effet, dès que le train se fut arrêté, nous vîmes une grande foule qui nous attendait, et des visages heureux et tout à fait de la parenté. On se reconnaissait. On se disait : « Ah! les braves gens! Les gens de chez nous! » Le bruit des acclamations renaissait comme la houle.

» Alors, chacun de nous a senti les larmes lui monter aux yeux, celles qui sont toutes nobles, celles qui effacent peut-être les fautes du passé.

» Et j'ai résolu de saluer, ce soir, les Canadiens-Français, qui ont fait pleurer les Français de France. »

Aujourd'hui dimanche, nous allons voir le parc de Montréal. Il est au milieu et au-dessus de la ville, montagne boisée d'assez bonne hauteur. Les premières pentes sont couvertes de belles villas et de jardins, puis les routes montent en lacet parmi des futaies. Nos chevaux tirent à plein collier. Nous rencontrons des groupes de cavaliers qui sont, certainement, des Anglo-Canadiens, car cette ville est mixte, partagée inégalement entre des races différentes. J'ai même traversé plusieurs fois un quartier où abondent les enseignes et les affiches en hébreu. Il y a peu de monde au parc ce matin, et, par moments, lorsque les érables, les chênes, les hêtres, forment muraille et font l'ogive, ou qu'une avenue transversale ouvre sur un petit plateau gazonné, mouillé et tournant, on se croirait loin d'une ville. Cependant, la ville nous enveloppe. Un caillou bien lancé retomberait sur une maison. Nous arrivons sur une vaste terrasse sablée, ménagée au sommet du parc, et protégée par une balustrade. De là, le jour étant limpide, et le paysage très plat, on a une vue géographique, étendue et précise. En bas, à une belle profondeur, apparaît très net et presque sans relief le dessin de la ville, avec les rues, les avenues, les places, quelques clochers, quelques tours, et, à la périphérie, des cheminées d'usines. Elle s'infléchit à l'ouest et à l'est; elle fera bientôt, nous disent nos amis Canadiens, le tour de la montagne, et elle sera une cité immense comparable aux plus grandes des États-Unis, dominée par une gerbe de futaies. Déjà son étendue et sa puissance me surprennent. Elle occupe tout l'espace entre la montagne et le Saint-Laurent, qu'on voit venir des brumes de l'extrême ouest et se perdre dans les brumes de l'est. Elle a ses manufactures au bord du fleuve, et un voile de fumée, qui paraît mince parce que tout est grand ici, flotte sur les eaux jaunes. Au delà du fleuve, s'étend une plaine et, si je ne savais où je suis, je dirais le royaume des plaines. Il n'a point de limite discernable. Les plus voisines de ces étendues sont à cette distance où déjà les couleurs des choses se fondent et renaissent en harmonie. A l'heure où nous sommes, le ton commun est un roux ardent, qui se mélange peu à peu de violet, et se perd dans cette pourpre qui unit le bas du ciel à la ligne invisible de l'horizon. Des montagnes pareilles à celle qui nous sert d'observatoire, des Laurentides isolées, se lèvent au sud-est; elles ont la forme des meules de paille, les premières presque nettes, les autres, deux, trois, je ne saurais donner un nombre, si transparentes et d'un contour si léger qu'elles semblent des nuages pour un moment posés.

Les campagnes autour de Montréal. — Je

n'ai pas entrepris de raconter le voyage de la délégation Champlain, ni de nommer tous ceux que je me félicite d'avoir connus ou retrouvés, ni de décrire les réceptions qui nous furent faites, à Étienne Lamy et à moi, après le départ de la délégation, par les principales œuvres de charité ou d'enseignement chrétien de Montréal. Je recevrai, bien sûr, à Québec, dans les grandes salles des maisons d'éducation, ce même accueil, délicieux et ancien, composé d'amitié, de menuet et d'éternité. Que de fois, en France, j'ai été ému par ces visages mêmes, cette politesse, cette révérence, cette grandeur et cette jeunesse! Je n'écris pas un livre, mais des notes où le paysage a la plus grande part. Et je dirai quelque chose des campagnes, parce que je les ai vues mieux que tout le reste.

Je suis invité à déjeuner chez un riche cultivateur du village de Saint-Laurent, frère d'un chanoine de la cathédrale. Et comme le chanoine fait partie de cette sorte de famille ecclésiastique, vicaires généraux, secrétaires, économes, que préside l'archevêque, mon très honoré et cher ami monseigneur Bruchési, c'est de l'archevêché que nous partons. Il est de bonne heure. L'automobile qui est venue nous chercher appartient à un cultivateur, frère aussi du chanoine et de mon hôte prochain. Nous passons au pied de la montagne-parc, dans ce joli faubourg d'Outremont où sont bâties des villas, parmi des verdures caduques, en ce moment jeunes et fines. La route ne vaut pas les routes de France; elle est seulement suffisante; mais nous n'avons pas fait trois milles hors de la ville, que nous nous trouvons en présence de l'obstacle le plus inattendu : une maison en voyage. Oui, une maison en bois, comme elles sont presque toutes à la campagne, de notable largeur, et composée d'un rez-de-chaussée, d'un premier étage et et de deux mansardes. Elle a dû se mettre en marche à l'aurore. Elle est solidement assise sur des rouleaux; les rouleaux peuvent tourner sur des madriers qu'on a disposés sur le chemin, l'un à droite, l'autre à gauche, comme des rails, et l'énorme promeneuse est tirée par une chaîne, qui s'enroule autour d'un treuil, en avant. Quant au treuil, il a été planté, — pouvait-il l'être mieux? —

droit au milieu de la couche de macadam, et un brave cheval, tranquillement, tourne autour du pivot. Notre chauffeur n'hésite pas ; il donne un coup de volant à droite, fait sauter l'automobile sur la banquette d'herbe, coule dans un caniveau, remonte, salue le cheval résigné qui hale la maison, puis il reprend la route et file à bonne allure. La campagne est de sol léger, propre à la culture maraîchère. Je n'aperçois pas une terre en friche, pas un buisson inutile. Mes compagnons me donnent quelques détails sur Saint-Laurent, dont nous approchons.

— Cinq cents feux, dont cent cinquante abonnés au téléphone.

— A quoi sert le téléphone, dans les fermes?

— Pour les affaires, donc ! Et en hiver, quand on ne peut pas sortir, on fait un bout de causette par le fil. Ce qu'on s'amuse, l'hiver!

Cette note, cette allusion au plaisir de l'hiver, voilà dix fois que je l'entends, depuis le peu de jours que je vis au Canada. J'apprends aussi que la spéculation sur les terrains, qui détruit tout l'ordre des valeurs en abaissant le travail, se porte particulièrement sur cette région où nous sommes. Un nouveau chemin de fer, le Grand Nord, va la traverser. Les compagnies américaines n'acquièrent pas seulement, comme les nôtres, la largeur d'un trait de plume sur le plan cadastral : elles achètent des domaines considérables, qu'elles revendront s'il leur plaît. Presque toutes les fermes de la paroisse de Saint-Laurent ont été cédées ainsi, depuis quelques mois, soit au Grand Nord, soit à des compagnies financières. Tout autour de Montréal, d'ailleurs, ce sont des centaines de familles qui se trouvent volontairement appauvries de leur maison et de leur terre, et chargées d'or. Des fermes de 50.000 francs viennent d'être payées 200.000 francs, d'autres 500.000. La tradition rurale est ébranlée et la vocation des jeunes en grand péril. Je regarde les guérets sablonneux où demain seront bâties des usines. L'automobile s'engage dans un chemin transversal et médiocre, et s'arrête devant une très jolie maison, construite en bois verni, et précédée d'un petit pré clos. Tout le long de la clôture blanche, des drapeaux aux couleurs françaises, d'autres aux couleurs pontificales ont été plantés, et, çà et là, des banderoles portent écrit, en lettres d'or, le mot « Bionvenue ». La façade du cottage, les colonnes de la véranda qui tourne, selon la mode canadienne, autour du rez-de-chaussée surélevé, sont décorées de drapeaux aussi et de guirlandes. Toute la famille est là groupée, le père et la mère, des frères et des sœurs, des fils et des filles. On me reçoit comme un parent qui aurait longtemps oublié de venir en Amérique, et que l'on fête, afin qu'il se souvienne et qu'il regrette sa négligence. Quelqu'un m'a dit hier, à Montréal, dans la rue : « Vous allez dîner chez monsieur Adélard Cousineau? — Oui. — C'est un homme qui « vaut » un gros chiffre. » Il avait précisé. Mais ce n'est pas notre manière de compter. La richesse est ici évidente : il suffit, pour n'en pas douter, de pénétrer dans le salon où l'on me fait asseoir, puis dans la salle à manger ornée de fleurs. Mais, en voyant mon hôte robuste, aux yeux clairs, au visage hâlé, je pense beaucoup moins à sa fortune qu'à ce qu'il « vaut » moralement, à son air d'honnête homme, de brave homme, et encore de pionnier qui a lutté. Il préside la table, autour de laquelle ont pris place des frères, des beaux-frères, des fils, des neveux; les jeunes femmes et les jeunes filles servent les plats innombrables, changent les assiettes, et ne cessent d'aller et de venir entre la salle et la cuisine; mais non pas toutes, car, dans le salon voisin, pendant le repas, une voix fraîche chante des chansons et des romances. Les souvenirs me reviennent en foule, surtout ceux des métairies de la Vendée, où les femmes, qui sont reines et reines incroyablement, d'après l'usage ancien mangent après les hommes. Nous causons aisément, et sans chercher les mots, à cause des fraternités qui nous lient, et du goût de la terre que nous avons commun. Puis je vais visiter la ferme voisine, « la maison de Jasmin », qu'on m'a dit être du vrai type français, et pareille aux anciennes. Elle date de 1808. C'est, en effet, en plus grand, un logement de fermiers français. Hélas, le domaine a été vendu. Il va falloir quitter le sol défriché par les aïeux, voir détruire les plantations qui promettent et celles qui sont en plein remerciement. Le père me montre ses groseilliers et ses pommiers. La mère, — elle a eu dix-sept enfants, — me présente deux jeunes gars élancés, à l'œil timide et brillant, et me dit, avec fierté : « En voici deux, monsieur, qui seront cultivateurs, comme nous. Ils ne veulent rien autre chose. N'est-ce pas? » Et les enfants confirment de la tête, gravement, la parole maternelle.

Nous remontons en voiture. L'automobile achève de traverser la grande île sur laquelle est bâti Montréal. Je retrouve un de ces paysages fluviaux qui sont vraiment une des caractéristiques de la nature américaine : eaux débordantes, îles et rives boisées, terres à peine émergentes, solitude des forêts primitives, noyées dans les fleuves géants. Nous entrons alors dans la paroisse de Saint-Eustache. Les cultures reparaissent, puis les bois. Nous avons pris une belle route qui coupe un bois non exploité. Et je ne veux pas dire que des bûcherons n'y sont jamais venus couper un tronc d'arbre, mais la main de l'homme, la main ravageuse n'a pas travaillé avec méthode. Les essences les plus diverses sont mêlées, et j'admire le vert tout jeune des épinettes, et ces thuyas échevelés, qu'on appelle cèdres au Canada, et dont le bois n'est jamais attaqué par la vermine. Le regard est vite arrêté ; il ne fouille pas les profondeurs ; mais il y a des clairières, aux deux bords de la route, et j'aperçois, au milieu des arbres qui font le rond, des fleurs d'une blancheur vive, que je ne connais pas. « C'est le lis des bois », me dit un de mes compagnons. Je descends, et, marchant sur la très épaisse mousse, toute gonflée d'eau, j'approche du massif sauvage. Non, je n'ai jamais vu ces trois pétales charnus, pointus, d'un blanc parfait, ouverts à l'extrémité d'une tige fine et haute d'un pied. Je cueille une gerbe de ces premières annonciatrices du printemps canadien. Nous repartons. Les terres de labour nous rendent l'horizon. Un peu de temps, nous suivons un vallon encaissé, fait en corbeille longue, et plein d'arbres qui ne dépassent les bords que du sommet de leurs frondaisons, et, quand nous sortons de là, nous sommes devant une ferme de belle apparence, qui a ses étables à droite et, à gauche, ses hangars.

— Je vous présente monsieur Philias Barbe.

Je vois venir à moi un homme encore jeune, maigre, roux de cheveux, qui me tend la main. Une chose m'étonne. Il ignorait, il y a une minute, qu'il dût recevoir une visite ; nous sommes à la fin de la semaine : et cependant il est rasé avec soin, il porte une chemise blanche et un complet de drap noir avec lequel il pourrait faire son tour de ville. Je ne tarde pas à avoir l'explication. Nous montons l'escalier qui conduit à la salle de réception, bien ornée ici, de tapis, de fauteuils, de rideaux et de gravures. On m'a raconté, en chemin, que M. Philias Barbe, qui possède, par héritage, un domaine de deux cents arpents, en a acheté un second, de même étendue, dans le voisinage immédiat, pour établir son fils aîné. Il est propriétaire, il est riche, la plupart des agriculteurs canadiens le sont, du moins ceux qui possèdent la vieille terre patrimoniale : mais cela ne m'explique pas la barbe fraîche, un samedi à quatre heures, alors qu'il est de tradition lointaine, dans nos campagnes, de passer chez le barbier le dimanche matin, avant la grand'messe. Au moment où nous entrons dans le salon de la ferme, — aucun autre mot n'est exact, — deux grandes jeunes filles travaillent à des ouvrages de couture. L'une est en corsage blanc, l'autre en corsage rose. Je demande en riant si les fermières canadiennes s'habillent ainsi pour faire le ménage.

— Non, bien sûr, répond l'aînée ; mais, le samedi après-midi, c'est l'habitude que les pères, les mères et les jeunes filles fassent un brin de toilette.

— Et qui achève l'ouvrage?

— Les garçons : vous n'avez qu'à voir mes frères.

En effet, un jeune homme entre, décidé et de mine intelligente, comme le père. Il est en habits de travail. La mère a dix enfants, cinq filles et cinq fils. Deux des filles sont religieuses. Les fils font valoir le domaine, et il n'y a pas besoin de valets de ferme, non ! bien que l'ouvrage ne chôme pas. Il faut des spécialistes chez maître Philias Barbe. Tout le lait des vaches doit être expédié à la beurrerie. Et, pas de retards!... Beau temps ou mauvais temps, on est toujours pressé. La grande culture, à elle seule, occuperait bien six hommes qui n'auraient qu'une demi-bonne humeur au travail ; mais le père a entrepris de cultiver les fraises, les tomates, et autres bricoles, et tout doit arriver frais au marché de Montréal, à plus de sept lieues d'ici !

Nous allons, entre hommes, visiter les terres. Elles sont jolies, plaisantes à l'œil, et fines de grain. Ce n'est plus tout à fait la plaine, mais une lente montée, qui fait voir toute la moisson au soleil, dès l'aurore, et au maître également. La meilleure partie est labourée. Mais au sommet de la vague, loin de nous, et dans le bleu déjà des brumes d'horizon, il y a des bois.

— A qui sont-ils ?

— Ils sont à moi. Mais ceux de droite sont à l'aîné.

J'ai pris congé de toute la famille rangée devant le perron de la ferme. La mère m'a offert un verre de « chartreuse », qu'elle avait faite avec des herbes puissantes. Et je suis parti, regardant derrière moi, tant que j'ai pu apercevoir la maison et les gens.

J'ai parcouru, un autre jour, le chemin de Montréal à Saint-Anne de Bellevue, qui côtoie le Saint-Laurent et les rapides de Lachine, et j'ai visité la ferme modèle du Bois de la Roche.

Étables, écuries, bergeries, porcheries, poulailler, où vivent des bêtes de races choisies, j'ai visité toutes les dépendances de ce beau domaine qu'exploitent un régisseur et quatorze « engagés. » Mais je ne saurais pas juger l'agriculture de luxe. Je m'en tiens aux fermes conquises sur l'antique forêt, et transmises de père en fils, dans la même famille, presque toujours d'origine française et toujours cultivant elle-même. Plusieurs études généalogiques ont été faites, sur les familles rurales de telle ou telle paroisse. On y relève des noms qui nous sont familiers, parmi lesquels beaucoup de sobriquets, de seigneuries, comme on disait jadis. Il semble qu'on revoie, rien qu'à les prononcer, les anciens soldats des régiments de France, qui se firent laboureurs quand le Canada passa sous la domination anglaise. Je relève par exemple, dans le dictionnaire des familles de Charlesbourg, par le curé Gosselin, des Amiot, Larosée, Brindamour, Aubry, Beaulieu, Bergevin-Langevin, Blondain, Bresse, Ladouceur, Latulippe, Lavigueur, Roy, Vandal, Malouin, Papillon, Provençal, Robitaille, Sansfaçon. Mais le document le plus intéressant est ce *Livre d'or de la noblesse rurale canadienne-française*, qui fut publié à l'occasion des grandes fêtes du troisième centenaire de Québec, en 1908. Un *Comité des anciennes familles* fut chargé de rechercher, dans la province, quels étaient les cultivateurs qui pouvaient justifier de plus de deux cents ans de présence familiale sur la même terre. A chacun de ceux-ci, une croix de vermeil était promise, et un diplôme. Or, il y eut deux cent soixante-treize de ces nobles, et, assurément, le recensement ne put être complet. Qui étaient-ils, les chefs de la lignée ? Après le traité de Paris, du 10 février 1763, il fut accordé aux Français un délai de dix-huit mois pour vendre leurs biens et retourner en France. Un grand nombre en profitèrent. Les historiens nous disent qu'il resta cinq cents soldats, quelques rares employés et artisans, et des laboureurs « attachés au sol et qui ne le quittèrent point ». La plupart des prêtres, attachés aux âmes comme les paysans à la terre, ne songèrent pas même à laisser les paroisses commençantes. Et ce fut le début d'un empire.

Québec. — De la terrasse de Québec, où des habitués se promènent, dans le vent du matin, j'aperçois le plus beau carrefour d'eau qui soit au monde. Quatre régions de plateaux, d'une hauteur à peu près égale et s'opposant deux à deux, s'avancent dans le fleuve : celle de Québec, élevée de plus de cent mètres au-dessus des eaux, la côte de Beauport à gauche, la pointe de Lévis à droite, en face l'île d'Orléans. Je ne vois limpidement, avec tout l'amusement des reliefs et des couleurs, que la basse ville étendue au-dessous de moi. Les autres terres sont distantes. Le paysage est immense. L'œil ne s'intéresse plus aux formes secondaires, mais aux longues lignes droites de ces terres hardies, qui enfoncent leurs falaises dans le courant. Les pointes sont brunes, les sommets d'un vert pâli par le lointain. Entre eux, il y a la lumière des eaux, qui est jaune aujourd'hui, et qu'un vieux Canadien m'assure avoir vue très bleue, et glauque, et violette, et quelquefois encore, au soleil descendant, toute tavelée d'or et de rouge, comme une forêt d'érables transparente. Cette lumière, au moment où je passe, n'a qu'une beauté

4.

médiocre. D'où vient donc mon émotion? Pourquoi mes lèvres, malgré moi, s'ouvrent-elles pour dire : « Que c'est beau! que c'est beau! » Pourquoi mes yeux se reposent-ils, avec une telle joie, sur ces étendues qui bâtissent, autour du Saint-Laurent, un dessin géométrique? Vers le nord et vers l'est, toute la côte de Beauport est dominée par la chaîne des Laurentides. Elles suivent le fleuve ; elles ont des mouvements d'une souplesse parfaite ; elles font, au bas du ciel, une suite de dentelures légères, dont la dernière, et d'un si grand dessin, celle du cap Tourmente, se perd, à d'infinies distances, du côté où est la mer. Longtemps je les ai regardées, et j'ai regardé l'île d'Orléans, et la pointe de Lévis. Et je devine que la beauté du paysage de Québec est d'abord d'ordre architectural, conforme à un instinct mystérieux de l'esprit, et qu'elle procède de cette ordonnance où se mêlent les lignes droites des caps et les lignes courbes des Laurentides.

Rien, en France, n'est plus français que ce Québec du Canada. Les gens et les maisons sont de chez nous. On ne voit pas de gratte-ciel. Les gamins, rencontrés dans la rue, flânent, jouent, rient, se disputent, s'envolent comme les nôtres. Lorsque, le soir, je rentre chez sir Adolphe Routhier, et que nous causons de toutes choses françaises, librement, il me semble que je suis en déplacement, aux environs de Paris, chez un confrère de l'Institut, qui a une belle maison et une famille fine.

Les campagnes. Saint-Joachim. — Je vais voir, sur la rive gauche du Saint-Laurent, des terres qui appartiennent, ou ont appartenu au séminaire de Québec, en vertu du testament de monseigneur de Montmorency-Laval (1680). Mon compagnon de route, le savant abbé Gosselin, me cite, de mémoire, les dates où quelques-unes des familles de Saint-Joachim s'établirent au bord du fleuve et défrichèrent le sol que les descendants n'ont pas quitté. « Il y a là, me dit-il, un Josef Bolduc, dont la noblesse remonte à sept générations, jusqu'à Louis Bolduc, procureur du Roi, de Saint-Benoît, évêché de Paris, et qui vint ici, dans le comté de Montmorency, en 1697. Il y a un Féruce Gagnon qui descend d'un Pierre Gagnon, de

Tourouvre en Perche, venu à Saint-Joachim en 1674. Les Fillion descendent d'un Michel Fillion, notaire royal, de Saint-Germain-l'Auxerrois, mais ils ne sont « habitants » que depuis 1706. Les Fortin ont commencé d'ensemencer la Grande Ferme en 1760, et les Guilbaut de cultiver La Fripone en 1757. Vous verrez combien sont prospères les familles, celles-là ou d'autres, que nous visiterons. »

Le train s'arrête à la station de Saint-Joachim. Nous montons dans une petite voiture à quatre roues, et traversons le village, puis un grand bout de plaine, où chaque champ est soigneusement clos, où, çà et là, bordant les chemins, se lève une double ligne d'ormeaux. Les terres plates où nous voyageons, terres d'alluvions sans nul doute, s'étendent jusqu'au pied de la belle montagne qui porte le nom de Cap Tourmente. Quelle joie ce serait de vivre une semaine de chasse et de pêche dans ces Laurentides! Je n'ai pas vu encore d'aussi belles futaies d'érables. Elles n'ont pas leurs feuilles, mais leurs ramilles, et sans doute aussi les bourgeons entr'ouverts, font de grandes tentures, ocellées et moirées, aux flancs de la montagne. Nous devons être à une lieue au moins, peut-être une lieue normande, de cette forêt attirante. N'y pensons plus. Le chemin ne nous y mène pas. Il va parallèlement au fleuve, et voici, devant nous, une longue habitation en bois, avec la véranda coutumière. Le fermier, — par exception, le mot peut s'employer ici, — nous reçoit à l'entrée. Il est jeune, solide, haut en couleur, et il porte les moustaches, et ces demi-favoris que j'ai souvent vus en Normandie. La fermière, accorte, claire, pas très parlante mais parlant bien, a préparé le déjeuner. Elle a jeté, sur sa robe grise, un tablier à broderies rouges, et, quand nous entrons, elle appelle, pour nous faire honneur, sa dernière ou avant-dernière :

— Allons, viens dire bonjour, Marie-Olivine !

Les étables sont presque vides, car le temps est arrivé où les bestiaux vont dans les pâtures. Elles renferment d'ordinaire cent bêtes à cornes, et je pourrais visiter la laiterie modèle. Mais, plus que la laiterie et que le déjeuner, le paysage m'attire. Nous avons dépassé l'île d'Orléans dont j'aperçois l'extrémité boisée. D'autres îles, mais bien plus petites, tiennent le milieu de ce fleuve de douze kilomètres de largeur en cet endroit, et paraissent disposées en ligne, comme des navires en manœuvre : île aux Ruaux, la grosse île, île Sainte-Marguerite, île aux Grues, île aux Canots, île aux Oies. L'eau est basse, et la berge découverte. Devant moi, sur les vasières, ces choses immobiles, d'une éclatante blancheur, que sont-elles? Elles couvrent de grands espaces. Je sais que ce n'est pas une prairie de fleurs de nénuphars : il y aurait des feuilles. Des cailloux? ils seraient roulés et ramenés sur les rives. Tout à coup, le vent souffle vers nous et m'apporte le cri des oies sauvages. Elles s'agitent. Quelques-unes étendent leurs ailes. En même temps, de l'extrême horizon au-dessus du fleuve, du fond de l'azur brumeux, d'autres oies sauvages, en troupes immenses et formées en arc, émergent, arrivent dans la lumière, l'étincelle au poitrail, tournent un peu, s'abattent, et le bruit de leurs ailes passe comme une trombe. Les vasières sont entièrement blanches.

Je les ai revues, une heure plus tard, du sommet du Petit Cap. C'est le nom d'une colline toute voisine du Saint-Laurent, et qui porte, parmi les bois, la vieille et vaste maison de campagne, — bien française aussi, — du séminaire de Québec. Un sentier suit la crête de la falaise, et la splendeur des eaux, le vent tiède, le cri des oies sauvages, le ronflement d'un canot à pétrole qui paraît menu comme un scarabée, nous viennent à travers la futaie. Arbres verts, chênes, érables, frênes, tout pousse bien sur la butte. La saison du sucre d'érable est à peine terminée. La sève sucrée coule encore le long des troncs qui sont percés de deux ou trois trous d'un demi-pouce de diamètre. Je demande à mon guide combien produit un érable de taille moyenne.

— Cinquante ou soixante litres d'eau, me dit-il, qui donnent une livre de sucre.

Pendant que nous traversons de nouveau la plaine, il me raconte des traits de mœurs rurales. Je sens bien, au ton de la voix, que ce prêtre a le respect et l'amour de la profession de laboureur. Il me dit encore :

— Mon père avait fait ses humanités jusqu'à

la rhétorique. A ce moment, il se mit à cultiver la terre. Et il avait coutume de nous répéter : « Je n'ai jamais eu de regrets. »

Ce pays de haut labourage me conquiert. En peu de temps nous gagnons la partie de la paroisse où commencent les premières pentes du cap Tourmente, et les forêts merveilleuses ne sont plus très loin. Les cimes des érablières ont une grâce qui retient. Il me semble que le sol est plus pauvre. Mais les cultures sont toujours bien encloses. Des fossés bordés de saules suivent le pli des pâtures. Nous entrons un moment chez M. Thomassin, qui est propriétaire de Valmont, vieil homme, tout droit encore, qui ressemble à un retraité de la marine.

— Venez au moins dans la grand'chambre? me dit-il.

Et nous allons dans la grand'chambre. La mère de famille arrive : des cheveux très blancs, des yeux très bleus, un visage doux ; puis un gars de dix-neuf ans, géant magnifique et rieur, le torse serré dans un tricot de laine ; puis une des filles, qui porte, — ce doit être la mode dans le comté de Montmorency,

— un joli tablier brodé. La maison, dont nous visitons une partie, est double. Elle a trois belles pièces en avant, du côté opposé à la montagne. Dans la troisième, où est le poêle, il y a des provisions, la table à manger et des vaisselles.

— Voulez-vous goûter la tire?

La tire, c'est le sucre d'érable à l'état filant, une pâte brune dans le plat, dorée par transparence, où l'on pique la pointe d'un couteau. Je goûte la tire, et la déclare délicieuse, ce qui me vaut une demi-naturalisation canadienne. On cause de l'hiver, des terres qui sont encore bien froides pour le labour, et aussi de la race. En prenant congé de M. Thomassin, je ne puis me tenir d'observer tout haut, voyant l'homme au grand jour, à la porte de son royaume :

— Avez-vous l'air d'un de nos marins !

— Eh ! monsieur, riposte-t-il, ça se peut bien : on est venu du comté d'Avranches !

Le cheval se remet à trotter, et nous conduit chez les Braun, qui ne sont pas plus prévenus de notre visite que ne l'étaient les Thomassin. La mère a eu dix-sept enfants ; elle en a quatorze vivants. Sept ou huit jouent autour de nous dans la première pièce, et le plus petit dort dans un berceau d'osier, posé à terre. Vraiment, il y a une distinction et une dignité singulières chez la mère canadienne. Celle qui nous reçoit a sûrement passé plusieurs années de son enfance dans un couvent, comme presque toutes les fermières qui prennent là un degré de culture et de civilisation que les hommes n'ont pas. Elle a un visage ovale, grave et bon, que la jeunesse n'a pas quitté. Plus jeune, elle a dû ressembler à un modèle du Pérugin. L'un après l'autre, elle me présente les grandes filles qui l'aident dans le ménage, les petits qui jouent autour de la table, puis, regardant le dernier, qui dort, elle me dit :

— Je suis bien contente : je n'ai pas eu d'enfant cette année. C'est dur, voyez-vous, d'être toujours penchée sur le berbers et réveillée la nuit ! A présent, on attend la récompense.

De quelle récompense voulait-elle parler? De l'éternelle ? De l'appui que prêtent aux parents les enfants devenus grands? Les deux pensées étaient sûrement dans son esprit.

Que cela est admirable, divin et humain !

A peine a-t-elle achevé, que le dernier-né se met à s'agiter dans le berceau. Elle fait un signe, du doigt. Et, aussitôt, une petite de six ans qui était là, jouant aux dés sur la table, mais attentive, et les yeux vers nous au moindre mouvement, saute à terre, court au berceau, s'assied sur un des bords d'osier, appuie sur l'autre sa main droite, et, prenant de l'élan, se balance en mesure, et rendort le nourrisson.

Le père est d'origine écossaise. De la ferme des Coteaux à Saint-Joachim la distance est longue déjà. Je sais que, même dans le plus rude de l'hiver, quand il fait quinze ou vingt degrés de froid, les « habitants » ne manquent pas la messe du dimanche. « C'est du brave monde », comme l'a dit l'un d'eux. Plusieurs font deux ou trois lieues pour se rendre au village. Mais les enfants, comment vont-ils à l'école? Ceux des Coteaux? Le père répond :

— N'y a-t-il pas les traîneaux à chiens? Le mien est grand : ils se fourrent cinq dedans, et youp! youp!

Je vois en esprit, sur la neige fraîche encore, le chien qui tourne brusquement, et les écoliers qui roulent, poudrés comme des moineaux.

Le soleil baisse. Il faut repartir. Un jeune homme, à la barrière du premier champ, nous regarde, debout près d'une paire de bœufs de labour. Il reconnaît en nous la nation.

— Voyez, dit-il, nos bœufs sont enjugués à la française !

En effet, tandis que, bien souvent, les bœufs ont un harnachement, collier ou bricole, ici, je retrouve le joug en bois d'érable et la courroie de cuir qui le lie aux quatre cornes.

Les campagnes. Montmagny. — Nous sommes quatre qui partons pour Montmagny, deux Français et deux Canadiens-Français : Étienne Lamy, un sénateur, un médecin et moi. Le village étant situé sur la rive droite, il faut d'abord traverser le Saint-Laurent, de Québec à Lévis. Puis nous prenons un train, qui longe la côte. Les paroisses ont des noms qui, pour nous, sont plaisants : Saint-Vallier, Berthier, Saint-François. Un lac, le lac de Beaumont, fait une longue clairière dans une forêt pauvre, lande plutôt, où abonde la myrtille. Puis la terre ameublie succède aux étendues sauvages. Nous voyons nettement, car alors les arbres sont rares, les lignes successives d'habitations rurales et le dessin des propriétés. Celles-ci ont toutes la même largeur de cinq cents mètres, et la même longueur d'un kilomètre. A l'époque lointaine des concessions de terrains, les arpenteurs ont commencé à mesurer et borner les lots en partant du fleuve et remontant vers l'intérieur. Les colons de la première ligne ont bâti leurs maisons à la limite extrême de leur domaine, c'est-à-dire exactement à un kilomètre du Saint-Laurent. Mais les concessionnaires de la seconde ligne ont pu bâtir, de même, la ferme et les dépendances au commencement de leur concession, de l'autre côté du chemin. On cherchait à se rassembler, à se porter secours en cas d'incursion des sauvages, ou d'accident, ou de grand travail; de telle sorte que les campagnes sont sillonnées de rues parallèles, où les maisons, il est vrai, sont bâties à de longs intervalles, et que l'on vous dira, si vous demandez l'adresse d'un cultivateur : « Il habite dans le deuxième rang, ou dans le quatrième. »

Je crois que Joseph Nicole habite dans le deuxième. Des automobiles nous attendaient à la gare. Ce Montmagny est le chef-lieu judiciaire de trois comtés, gros bourg ou petite ville, dont les maisons de bois sont bien peintes et qui a ses jardins, ses trottoirs et ses clubs politiques. Je remarque le goût des gens du pays pour la brave « potée » tant aimée de nos pères, et qui a encore bien des fidèles. Ce géranium-lierre, ce bégonia, ce fuchsia, ce dahlia tuyauté, modèle 1850, ont péniblement poussé leurs premières feuilles dans la cuisine, peut-être dans la grande salle, où les « cavaliers » viennent « voir la blonde », et aujourd'hui, ils s'épanouissent sur l'appui de la fenêtre. Les fermes en ont aussi, de ces belles potées, et, quand nous entrons chez M. Joseph Nicole, la première couleur vive que j'aperçois, c'est un géranium-lierre, en espalier, qui fait son petit vitrail, vert et rose, devant une fenêtre. A la demande du père, une jeune fille d'une trentaine d'années, vive d'esprit et « bien disante », va chercher le registre sur lequel sont notées l'histoire et la généalogie de la famille. Je copie ces premières lignes, concernant l'ancêtre, le premier de la race : « Voyageur, originaire de France, arrivé en Canada, acheta de Basile Fournier et de Françoise Robin, son épouse, un certain terrain au sud de la rivière du Sud, provenance de la seigneurie de Saint-Luc, qui fut cédée, par le roi régnant Louis XIV, à M. de Montmagny, premier seigneur, le 5 mai 1646. »

Le souci, l'orgueil même de la tradition sont évidents. Mais le goût d'un progrès sage ne me paraît pas manquer à l'habitant canadien. Je crois que le laboureur de vieille race demande à la nouveauté d'avoir fait ses preuves, mais sa défiance première n'est pas de l'entêtement. L'un d'eux, ces jours derniers, m'a dit : « Toute machine nouvelle, qui fait du travail rapide, et qui n'a pas cassé aux mains des premiers acheteurs, je l'achète. » Aujourd'hui, je visite les étables de M. Nicole, avec le fils aîné, qui vient d'acquérir le domaine voisin. Le plafond est bas, sans doute pour que les bêtes aient plus chaud pendant le long hiver. J'en fais la remarque.

— Les nouvelles étables, chez moi, dit l'aîné, seront bâties un brin plus haut, mais les sociétés d'agriculture ne conseillent pas d'élever beaucoup plus la charpente.

Il s'est informé; il connaît les méthodes et les plans recommandés. Les vaches mâchonnent un reste de foin dans le râtelier, et, juste au-dessus de leurs cornes, il y a, pendues au mur, des boîtes à trois compartiments, et, dans les boîtes, une ou deux poules qui pondent.

— Bah! dit encore l'aîné, qui me voit sourire et qui retrouve un mot de la marine, bah! c'est le poulailler des anciens : à présent, ça se grée autrement.

Et je ne dirai plus qu'une des visites que j'ai faites à mes amis de la campagne : ma visite à Fortunat Bélanger.

Il habite le troisième rang, par conséquent à trois kilomètres du fleuve, et tout au bord de la rivière du Sud. Pas plus que Nicole il n'a été prévenu. Nous le voyons au dépit qu'il ne dissimule pas, lorsque les premières politesses ont été échangées. Il dit au sénateur, il dit au médecin :

— Ce que ça me fâche! Si seulement vous m'aviez écrit!

La maison a six pièces au rez-de-chaussée et autant au premier étage. Un calorifère la chauffe entièrement. Malgré les protestations de la ménagère, une maman de onze enfants, — mince et de visage délicat, — qui assure que tout n'est pas en ordre, on nous ouvre les portes des chambres et des dortoirs de là-haut. Les lits sont faits, les courte pointes tirées, et le plancher est net. Je remarque deux penderies, fort bien garnies ; des armoires où sont entassés des cartons à chapeaux aussi larges que ceux de Paris ; des tuyaux qui amènent l'eau de la rivière à l'étage. En bas, le mari me montre les deux pièces de réception, tout à fait élégantes, et la « chambre nuptiale », devenue chambre d'apparat. Les oreillers et les draps du lit sont brodés ; une belle commode, des chaises légères, un miroir, le bénitier, des chromolithographies ont encore leur air de jeunesse et d'étalage. Nous revenons dans la salle à manger, où le couvert était mis quand nous sommes entrés.

— Vous prendrez bien une bouchée avec nous ?

Je reconnais les mots, l'accent, la politesse

de la France rurale non diminuée. Et tout de suite l'hôte ajoute, en hochant la tête, et regardant avec tristesse les deux Français :

— Vous ne nous aimez pas comme nous vous aimons. Nous avons l'œil sur la France, toujours.

Il est jeune ; il a le type conventionnel du Gaulois, et la physionomie sans repos d'un homme des villes. Tandis que nous goûtons au pâté en croûte, doré et délicieux, que la ménagère avait préparé pour le dîner de midi, M. Fortunat Bélanger reprend :

— Je n'ai pas toujours été tel que vous me voyez. Il a fallu travailler, et même voyager...

— Oui, interrompt sa femme : pensez qu'il a fait deux séjours au Yukon, de dix-huit mois chacun, l'un avant son mariage, et l'autre après !

— Comme mineur ?

— Prospecteur et mineur, répond le Canadien. Il fallait dégrever le bien de mon père. J'y suis arrivé, et j'ai même gagné plus.

Lamy l'interroge sur la vie dans l'extrême-Nord. Nous écoutons. La causerie dure trop peu à mon gré. Nous quittons la ferme et retournons au village, chez le docteur Paradis.

Nous étions là depuis une heure peut-être, quand on sonne à la porte. Le docteur va ouvrir, et revient tenant une lettre à la main.

— Il n'a pas voulu entrer! J'ai insisté : rien à faire !

— De qui parlez-vous?

— De Bélanger : dès que nous l'avons eu quitté, ce matin, — vous vous souvenez que notre arrivée à l'improviste l'avait chagriné, — il s'est mis à écrire. Voici la lettre,

Cette lettre était adressée à Étienne Lamy, qui me l'a donnée. Je la transcris fidèlement :

Rivière-du-Loup, Montmagny, mai 1912.

« Cher monsieur,

» Pardon de venir vous relancer, mais, si je comprends bien votre visite, vous venez étudier l'âme française en Amérique, et je crains bien que, pendant votre courte visite sous mon toit, je n'aie pas eu le temps de vous la montrer dans sa vivacité. Pour bien la comprendre, il vous faudrait entendre nos enfants, quand ils sont tous réunis, dérouler leur répertoire de vieilles chansons de France et nous questionner sur votre beau pays.

» Vos malheurs, vos succès, vos gloires, trouvent un écho dans nos cœurs, et cet attachement profond à la vieille mère patrie ne nous empêche pas d'être de loyaux et fidèles sujets britanniques. Expliquez cela si vous le pouvez.

» Merci à vous et à vos compagnons de voyage pour l'honneur que vous m'avez fait de visiter mon humble toit. Je comprends que c'est le paysan canadien-français que vous avez honoré en ma personne, et je vous remercie au nom de tous.

» Croyez-moi, cher monsieur, votre bien dévoué.

» F. BÉLANGER. »

Si on me demandait, maintenant, quelle est mon opinion sur les Canadiens-Français en général, je me récuserais, n'ayant pas eu le temps d'étudier chacun des groupes humains dont le peuple est composé. Mais si on limitait la question à la population rurale, d'origine française, de la province de Québec, je n'hésiterais plus. D'autres ont célébré et préféré l'audace du colon américain, ou la méthode de l'Écossais, ou la patience de l'Allemand. Mais, si l'on juge à la fois les trois éléments qui font l'homme de labour, la famille, l'âme, le goût du métier, le Canadien-Français n'a pas de rival. On pourrait lui en trouver pour le métier : il n'en a pas pour l'âme. On la sent enveloppée, menacée, attaquée déjà par plusieurs ennemis, la richesse, l'alcool, la politique, la mortelle Révolution. Mais, si elle résiste, quelle grande nation, bientôt, elle animera !

VISITES EN ANGLETERRE

I

DANS LE NORFOLK

Les circonstances m'ont amené, à visiter plusieurs comtés d'Angleterre éloignés l'un de l'autre. Partout j'ai trouvé, chez les Anglais qui m'ont reçu, « cet accueil franc, sans affectation d'aucune sorte, et qui s'offre sans s'imposer », dont parle, dans un livre de voyages, le prince Louis d'Orléans et Bragance ; et j'ai reconnu que le voyageur princier usait d'un autre mot juste, quand il notait « leur discrétion affinée par une longue pratique de l'hospitalité ». Je tâcherai d'imiter cette discrétion. Je publierai quelques impressions, incomplètes volontairement, sans préciser les lieux, choisissant parmi mes souvenirs ceux qui ne rappellent pas trop les lectures que j'ai pu faire.

* *
*

Ma première visite est pour le Norfolk. L'habitation où je suis attendu est située au nord-est de Londres, à plus de deux heures d'express. Le train traverse d'abord des campagnes plates, devenues comme un parc en raison de ces deux phénomènes : respect des arbres et abandon de la culture des céréales. Après une heure de route, la terre remue enfin ; les rivières ont un cours précipité entre des bordures de prés d'une pente égale et d'un vert sans une tache, sans feuilles tombées, sans fleurs tardives ; des bois aux frondaisons pleines, rondes en haut et rondes en touchant l'herbe, tournent avec les collines, et bleuissent avec elles, bien plus vite que chez nous, dès qu'ils s'éloignent un peu ; j'aperçois, se levant des futaies, des tours et toute la crête dentelée d'un château couleur de ciment. La pluie qui a tombé huit jours durant, la pluie impériale de Grande-Bretagne et d'Irlande, a tout lavé, lissé, verni. Le soleil se montre, derrière un voile. Et il semble que les voyageurs passent l'inspection d'un décor de théâtre tout frais : « Attention ! Ces messieurs arrivent ! Quatre petites filles en rose et blanc sur une barrière ; un chariot ici, avec deux chevaux rebondis ; un troupeau de dindons là-bas ; éclairage à gauche ; effet de brume au jour tombant; ne bougeons plus, ces messieurs regardent ! »

Un peu plus loin, le pays redevient plat, des canaux coupent les étendues vertes, les bateaux s'aventurent dans les prés, on pense à une Hollande boisée et sans tulipe.

La nuit commence, quand je descends du train. Je traverse une petite ville de bains de mer, assise entre deux collines. La maison de sir H... n'est pas loin. Je suis reçu comme si je revenais. J'entre cependant pour la première fois : mais je connais le fils aîné du baronnet. Tout le monde, — mes hôtes et les invités, — parle français, parce que je ne sais que trois mots d'anglais. Je suis dans une famille ancienne, influente, religieuse et passionnée pour la chasse. Lady H... a passé plusieurs hivers au bord de la Méditerranée, à Nice, à

Cannes. Elle a gardé de la France un souvenir pareil à celui que nous emportons d'Italie : branches d'olivier, ciel bleu, femmes jetant des bouquets de géraniums dans la voiture d'une grande dame, étoiles claires, parfum chaud des montagnes. Il s'y mêle, et cela est mieux et touchant, des noms, des visages, des mots de pauvres gens qu'on allait voir et secourir. Elle a dû être fort belle. Elle a grand air, un esprit prompt, décidé, qui se recueille quand il s'émeut; elle a le goût des fleurs, dont il y a, dans les salons et dans les chambres, des gerbes admirables et faites avec un goût juste.

*
* *

Le maître d'hôtel, en mon honneur, a orné la table de rubans tricolores. Tous les convives sourient. J'entends murmurer : « L'entente cordiale! » Et les deux mots sont exacts, sûrement, entre les quatre murs de la salle à manger. Mon hôte me demande :

— J'espère que vous êtes conservateur?
— Oui.
— Very well!

Après le dîner, quand nous passons au fumoir, il allume un cigare, il entame, avec un de ses invités, une discussion véhémente et grave sur le libre échange, et je vois du coin de l'œil, sous le feu des lumières, remuer et puis devenir étale sa barbe blonde et blanche. Mon jeune ami, qui se mêlerait volontiers à la conversation, car il a le goût très vif des choses politiques, pense que l'examen du livre des chasses m'intéressera davantage. Il va prendre dans la bibliothèque un volume relié, doré sur tranche, où, depuis soixante-quinze ans, chaque tableau de battue a été inscrit : faisans, perdreaux, canards sauvages, lièvres. Je relève beaucoup de belles journées, une, toute récente, de 300 perdreaux, une autre de 865 faisans. On a chassé dans l'après-midi, sans grand succès, à cause du vent. Et pendant qu'au dehors la pluie bat les fenêtres, la pluie dont les rafales sont pleines de bruits de mer, j'interroge plusieurs chasseurs sur ce grand « excitement » favori. Ils connaissent bien le sujet. La loi qui régit la chasse en Angleterre, me disent-ils, date d'un peu plus de trente ans, c'est une loi radicale. On s'était plaint du dommage causé par les lapins : elle en a profité, pour attribuer le droit de chasse au fermier.

— Qui le cède au propriétaire?

— Pas complètement. Il peut renoncer à chasser le gibier, les faisans, les cailles, les perdreaux, mais non à détruire les lapins et les lièvres, considérés comme animaux nuisibles. Le droit au lapin et au lièvre est inaliénable. Et de plus, il peut s'exercer toute la semaine, même le dimanche.

— Mais vous aussi, vous pouvez chasser le dimanche? Vous ne le faites pas, je le sais, mais c'est de votre plein gré.

— Il y aurait un moyen fort simple de vous détromper. C'est demain dimanche. Supposons que vous preniez un fusil et que vous alliez devant vous, sur nos terres, avec un de nos gardes...

— Eh bien?

— Vous seriez pris, ou dénoncé au juge. Et le juge vous condamnerait à autant de guinées, à autant de fois vingt-six francs d'amende, que vous auriez abattu de pièces de gibier. Mais, sur votre chemin, à la lisière d'un champ de betteraves, vous auriez pu croiser un de nos fermiers, revenant tranquillement à la maison, avec une couple de lièvres dans sa gibecière.

— C'est un régime qui a dû singulièrement diminuer le nombre des lapins et des lièvres, en dehors des parcs?

— Assurément. Quant aux lapins...

— Vous ne les chassez guère, oui, peut-être même n'en mangez-vous jamais? On me l'a affirmé.

Quelqu'un me répond, d'un ton sérieux :

— Ils sont très appréciés dans la classe industrielle.

Le lendemain, le soleil a paru dès le matin. Je le vois de ma fenêtre. Il met en joie les grives et les merles, que personne ne détruit en Angleterre, et qui courent sur les gazons ras, par douzaines, essayant un commencement de chanson, sans ardeur, en sourdine, comme il convient au milieu d'octobre. Il ne reste plus trace de la pluie d'hier, si ce n'est dans le ciel, tout frais lavé, qui n'est pas sec, qui ne le sera jamais.

Sans que j'aie eu besoin de le demander, lady H... a donné l'ordre d'atteler, pour me conduire à la chapelle catholique, distante de quatre kilomètres et située à l'entrée de la petite ville. J'entends la messe, en compagnie de quarante-quatre fidèles, de conditions très diverses et dont plusieurs doivent venir de fort loin. Pendant ce temps, les propriétaires du domaine et leurs hôtes sont allés au temple. Les chemins sont pleins de gens qui passent, mais qui se taisent ou qui parlent bas. Les automobiles et les cloches rompent seules le silence de cette matinée dominicale. Il y a du jeûne dans le dimanche de nos voisins. Mais j'ai toujours trouvé que c'était là un sot thème de moquerie, et que cette rigueur, ne fût-elle qu'apparente, ne va pas sans grandeur.

Une heure sonne. Déjeuner froid, selon la tradition, les domestiques ayant congé. L'après-midi se passe en causeries, flâneries, promenades : nous visitons les jardins, qui sont aimés, et que l'automne n'a pas encore touchés ; la ferme la plus proche, où sir H..., agronome entendu, me présente un troupeau de vaches de l'espèce dite Tête Rouge, et qui est de robe rouge également, et qui n'a pas de cornes, mais qui porte, à la place, au sommet du front, un superbe toupet frisé, à la Louis-Philippe ; puis nous descendons vers les bois. Ils sont très beaux, d'essences mêlées, chênes, pins, hêtres, bouleaux, plantés dans un sol raviné, qui tantôt plonge et maintient dans l'ombre bleue la colonnade des troncs d'arbres, et tantôt les érige dans la lumière du couchant, neige pourprée qui descend tout le long des écorces et sculpte les racines. Ils enveloppent un étang, d'où montent, à notre approche, des bandes de canards à demi sauvages. Mes compagnons de promenade, jeunes ou vieux, ont tous le sentiment de cette beauté des bois, un enthousiasme qui ne s'exprime pas par des mots, mais que trahissent les yeux, la marche plus ardente, coupée d'arrêts que personne n'a dictés, les silences, le geste d'une main qui se lève, et qui montre la gloire d'une grappe de feuilles mourantes. Je dis à une jeune fille, qui marche à côté de moi :

— Vous êtes des romantiques.

— Je croyais, me répond-elle en riant, que,

pour des Français, nous étions seulement
« sportives ».

*
* *

Le soir, quand nous nous sommes retrouvés dans le salon, elle est venue à moi, un gros livre à la main.

— Il y a tout dans la Bible, monsieur. Voici un texte où l'on jurerait que le prophète Nahum a prédit les automobiles... C'est sir H... qui l'a découvert l'autre jour. Regardez!

Et je lis, au bout de son ongle rose : « Les chars courront rageusement dans les rues ; ils se heurteront l'un contre l'autre dans les avenues ; ils ressembleront à des torches ; ils voleront comme des éclairs. »

— C'est même l'accident qui est prédit, mademoiselle.

Mon voisin, qui a entendu le mot d'automobile, se penche.

— A propos, dit-il, vous connaissez M. Z...?
— Et il me nomme un jeune Anglais, que je connais en effet, et qui habite un comté assez éloigné de celui où nous sommes. — Il lui est arrivé une aventure amusante. Vous savez

que, chaque année, le Roi, sur la liste des principaux propriétaires des comtés, « pointe » les shériffs. Il en pointe un par comté, et il y a obligation d'accepter cet honneur assez onéreux. On ne peut le décliner qu'en payant quelques centaines de livres sterling..

— Et notre ami M. Z... a été pointé, pour cette année-ci?

— Précisément. Il n'a eu garde de se soustraire à l'ordre du Roi. Il devra donc, en cette qualité, recevoir les membres de la famille royale qui traverseraient le comté. Mais le plus clair de l'office de shériff, vous ne l'ignorez pas, c'est d'aller chercher à la gare, quatre fois par an, le juge qui tient les assises, et de le reconduire dans le même appareil. Or, les usages sont antiques et sacrés : grand carrosse de gala; deux hommes sur le siège; deux valets de pied, toutes perruques dehors, debout à l'arrière; le juge, en costume, assis sur les coussins du fond, et le shériff lui faisant face. M. Z... se dit qu'on pourrait peut-être rajeunir le cérémonial. Il s'en ouvrit au juge. « J'ai une 40 chevaux, dit-il, toute neuve et des plus confortables. Je la mets à la disposition de Votre Seigneurie, que j'irai prendre en automobile, si elle le permet, au lieu d'user de ce lourd carrosse. » Quelle proposition ! Quelle révolution ! Le juge n'a pas même hésité une seconde : « Monsieur, a-t-il répondu, quand le Roi entre dans une ville d'Angleterre, c'est dans un carrosse de gala. Je suis le représentant du Roi pour la justice. J'entrerai en carrosse, suivant l'usage, et non autrement. »

II

DANS L'OUEST

Les hêtres sont peut-être les plus beaux arbres qui soient. Ils ont le tronc vigoureux et les mains fines. Et quel vêtement d'automne ! Quel manteau de cour traînant sur l'herbe ; quelle vie, au moindre souffle, dans tous ces larges plis, brodés d'or vert, d'or jaune, d'or rouge, qui tombent autour d'eux ! Avec les ormes, ils forment la grande beauté de la campagne anglaise. Les ormes ont plus de colonnes apparentes, plus de jour entre les feuilles, plus de caprices dans le mouvement, plus de branches qui font panache, ou simplement perchoir : mais les hêtres sont incomparables pour l'ampleur des assises et la magnificence des palmes étalées. Leur beauté est aimée ; ils ont la vieillesse assurée, comme les bons serviteurs, dans ces domaines inaliénés.

— Venez voir ceux-ci, me dit la comtesse W., ils n'ont que deux cents ans, mais ils vivent tout près de nous. Et comme ils commencent bien !

Ces « jeunes » arbres, pleins de promesses, auraient pu l'un et l'autre abriter une compagnie de grenadiers sous la tente de leurs feuilles. Il pleut, nous sommes dans l'ouest et en automne. Les choux trouvent la pluie délicieuse ; les hommes n'ont pas l'air de la trouver gênante. Nous revenons d'une course en automobile ; nous avons visité le collège de Downside, bâti en pleine campagne par les Bénédictins anglais : et, naturellement, nous sommes arrivés pendant une récréation. Il faut connaître le règlement, pour tomber sur une étude ! Eh bien ! cinquante collégiens galopaient dans l'herbe trempée, tête nue pour la plupart, sous une averse qui eût fait ouvrir son parapluie à un berger des Landes ; ils traversaient un taillis, et se ruaient, en deux pelotons, sur les pentes d'une seconde prairie. Le jeune moine qui nous guidait dans notre visite avait l'air d'envier les coureurs. Sa souple vigueur, à chaque mouvement, affirmait l'habitude encore récente du golf et du cricket, et je suis bien sûr que si je lui avais dit : « Quel beau temps pour le rallye-paper ! » il aurait répondu : « Oh ! yes ! » Ici, de même : tout ce qui est dehors reste dehors ; la pluie peut tomber s'il lui plaît, on la connaît ; on la supporte ; elle vient de la mer amie et collaboratrice.

*
* *

Nous rentrons cependant. La maison, qui est vaste, est pleine de tableaux, d'aquarelles, de gravures accrochées aux murailles. Les corridors sont des musées, et, jusque dans le quartier de la *nursery*, cent œuvres d'art racontent l'histoire d'Angleterre ou l'histoire de France, cette petite gravure coloriée par exemple, qui porte en marge ces lignes manuscrites : « Vue de la Bastille, prise du second pont-levis, au moment du siège et de la prise de cette forteresse, le 14 juillet 1789, 4 heures après-midi. » On croyait que l'inscription était de la main de Horace Walpole. « Je suis presque sûre du contraire, dit une jeune femme à qui la comtesse W. fait visiter le château; c'est un de ses amis de France qui a envoyé à Horace Walpole la gravure et la légende. » Elle a le droit de juger : elle a publié, en seize volumes, et annoté les lettres du célèbre homme d'État. Mais elle est si simple et si fine, qu'il faut une surprise comme celle-ci, pour qu'elle laisse deviner son érudition. Horace Walpole règne, d'ailleurs, dans cette maison. Ses mémoires, — deux textes de sa main, — superbement reliés, occupent la place d'honneur dans la bibliothèque. Son portrait, par Richardson, nous le montre dans sa jeunesse en habit bleu et justaucorps rouge, le visage levé, spirituel en diable, avec cette nuance de fatuité qui deviendra bientôt mépris.

Expression rare dans les portraits d'hommes de l'école anglaise. Ici même, il y a dix autres toiles représentant de jeunes seigneurs du même temps : et qu'ils soient diplomates, marins, futurs ministres ou simplement chasseurs de renards, tous les modèles ont ce petit pli de rudesse entre les sourcils, cet air de volonté, de bourrasque facile et imminente, qui est une manière anglaise, et une jolie manière, en somme, de regarder la vie.

— Voici deux tabatières qui lui ont appartenu, dit lady W. en s'approchant d'une vitrine. Celle-ci, — et elle me tend une tabatière en or ciselé, enrichie de rubis et de perles, d'un admirable travail, — lui a été donnée par le grand Frédéric ; voyez la miniature...

— Et cette autre, réplique Mrs. T., lui fut envoyée de France, par son amie madame du Deffand. Madame du Deffand avait fait peindre sur le couvercle, le portrait, — ne trouvez-vous pas qu'on ne l'a pas flattée, cependant ? — de la belle marquise de Sévigné, et elle avait enfermé dans la boîte une lettre... Attendez, je crois que je vais pouvoir vous la faire lire...

Mrs. T. s'en va fouiller dans la bibliothèque, et revient, après une minute, avec le texte de la lettre, datée « des Champs-Élysées », et qui n'est pas tout à fait de la belle marquise, on le devine à la deuxième ligne. « Je connais votre folle passion pour moi, votre enthousiasme pour mes lettres, votre vénération pour les lieux que j'ai habités. J'ai appris le culte que vous m'y avez rendu, j'en suis si pénétrée que j'ai sollicité et obtenu de mes souverains la permission de vous venir trouver, pour ne vous quitter jamais... J'ai pris la plus petite figure qu'il m'a été possible, pour n'être jamais séparée de vous. Je veux vous accompagner partout, sur terre et sur mer, à la ville, aux champs, mais, ce que j'exige de vous, c'est de me mener incessamment en France, de me faire revoir ma patrie, la ville de Paris, et de choisir pour votre habitation le faubourg Saint-Germain. »

La maison aime les livres. Dans le fumoir, où je retrouve bientôt la famille de lord W. et ses hôtes, j'aperçois, sur une table, les trois volumes, qui viennent d'arriver, des lettres de la reine Victoria. A côté, trois ou quatre volumes, format in-quarto, épais, margés abondamment, portent aussi le nom de la reine : « *The Victoria history of the counties of England.* »

— Cette histoire des comtés anglais, m'explique M. T., a été entreprise, il y a, je crois, une dizaine d'années, par l'éditeur Archibald Constable. Ce sera une œuvre immense, puisque l'étude de chaque comté exige plusieurs volumes. Tout s'y trouvera : géographie, géologie, histoire, botanique, archéologie, littérature...

— Que j'aimerais qu'on fît une œuvre pareille pour la France ! Dénombrer ses gloires, puis les enseigner ! Les travailleurs ne nous manqueraient pas : ce sera l'œuvre des temps de paix, un peu plus tard.

— Chez nous, le moment est favorable. Un grand nombre d'hommes compétents collaborent à cette histoire, et même plusieurs femmes. Nous avons, — le saviez-vous ? — plusieurs centaines de jeunes filles qui étudient à présent, à Oxford et à Cambridge. En sortant de là quelques-unes écrivent, comme celles dont je viens de parler ; d'autres deviennent institutrices, secrétaires... Les femmes commencent à chasser les hommes de beaucoup d'emplois en Angleterre. Elles sont innombrables dans les administrations, dans les postes, par exemple. Et les hommes se plaignent : c'est l'envers du féminisme.

* * *

La conversation prend cette allure demi-politique, demi-sociale, qui est, comme le galop de chasse, familière à nos voisins et voisines d'outre-Manche. Lady W. raconte qu'elle veut établir une *nurse* garde-malade, dans le village, et qu'elle rencontre des difficultés qui ne sont pas spéciales au pays anglais, mais qui peut-être y sont plus malaisées à vaincre.

— Il nous faut, dit-elle pour le traitement de la *nurse*, cinquante-sept livres sterling, plus une bicyclette et le grand manteau bleu. J'ai demandé aux ouvriers leur cotisation; ils m'ont répondu : « A quoi bon, maintenant? Nous la paierons quand nous serons malades ! » Oui, ils paieront alors une guinée par semaine, puisque c'est le prix que demande une garde-malade, ou plutôt ils ne pourront pas la faire venir... C'est le comble de l'imprévoyance!

— Lady W. réussira quand même, répond quelqu'un. Elle a tout l'essentiel pour gagner sa cause, qui est d'aimer le monde où l'on vit.

Je vous apprendrai, monsieur, qu'elle a, par exemple, l'habitude d'inviter, à la Noël, les filles de ses fermiers à prendre le thé avec elle; un autre jour, ce sont les fermières qu'elle invite ; un autre jour, elle donne un bal à ses domestiques...

— Un bal !

Lady W. répond :

— Mais oui, dans la grande salle à manger. Les invitations sont faites par le maître d'hôtel, qui écrit aux domestiques du voisinage : « Avec la permission de madame, je vous prie de bien vouloir....., etc. » Je danse avec lui le premier quadrille, et nous avons pour vis-à-vis lord W. avec la femme de charge. Il y a un orchestre; il y a un buffet, et cela commence à neuf heures du soir, et cela finit à six heures du matin.

— Et le service ?

— N'a jamais été aussi ponctuel que le lendemain.

La question des domestiques est une des plus sérieuses qui aient toujours été, l'une des plus inquiétantes en plusieurs pays, aujourd'hui. Tout le monde en peut parler, et, chacun disant son mot, j'apprends beaucoup de choses, dont je puis dire quelques-unes, sur ce nombreux personnel de serviteurs qu'exige la vie de château en Angleterre.

Ils sont strictement hiérarchisés. Il y a des règles, des préséances, des castes fermées. On se rencontre; on ne se voit pas : c'est le pastiche d'un autre monde. L'ordre des domestiques supérieurs se compose : du maître d'hôtel, de la cuisinière ou du chef, des valets de chambre et des femmes de chambre attachés à la personne du maître ou de la maîtresse de la maison, ou de l'un des enfants. Les autres sont domestiques inférieurs, par exemple le cocher, même le premier cocher (bien que les palefreniers l'appellent *sir*), les valets de pied, les *housemaids* qui cirent les parquets, les lingères, blanchisseuses, boulangères, femmes de la laiterie... Le soir, au moment du dîner, qui est l'heure solennelle pour les domestiques comme pour les maîtres, on a fait un peu de toilette, ces demoiselles ont mis un corsage clair, un ruban, une broche, et l'on entre avec ordre dans la salle à manger commune, qui est distincte de la cuisine. Le maître d'hôtel préside, ayant en face de lui la cuisinière. Mais c'est un repas muet. Il est assez court, parce que, dès que les plats de viande ont été servis, les domestiques supérieurs se lèvent, et vont manger le pudding dans le petit salon de la femme de charge. Les *housemaids* se lèvent aussi, emportent leur verre et leur couteau, et se retirent dans la chambre de l'une d'elles. Les domestiques se trouvent alors divisés en trois groupes, et le silence n'a plus sa raison d'être.

— Chez le vieux duc de X., qui est mort récemment, dit quelqu'un, il y avait une tradition qui a duré juste cent ans. Chaque soir, dans le salon de la femme de charge, on débouchait une bouteille de porto. Le maître d'hôtel emplissait les verres, et, levant le sien, prononçait : « A la santé de monsieur le duc ! » Quelques instants après, le premier valet de chambre, ayant de nouveau rempli les verres, disait : « A la santé de monsieur le marquis ! » Le duc actuel a trouvé que tout l'effet des toasts, après cent ans, devait s'être produit, et il a supprimé le porto.

— Oui, reprend une jeune fille, la séparation est très nette. J'en ai eu la preuve. Pendant une absence de ma mère, une de nos lingères est venue me trouver, et m'a priée de la faire admettre à la table des domestiques supérieurs. Elle invoquait son ancienneté dans la maison, et son goût pour le pudding. C'étaient des raisons. J'ai promis d'en référer, et je suis allée trouver la cuisinière. Elle m'a écoutée, puis elle m'a répondu : « Mademoiselle sait que nous l'aimons tous : elle est bonne pour nous, elle est pleine d'attentions, et nous ferions tout pour elle : mais elle nous demande une chose impossible. Plutôt que d'accepter parmi nous cette fille, nous quitterions tous la maison ! »

Le lendemain, j'ai visité la petite ville de Wells. Maisons du treizième et du quinzième siècles ; cathédrale qui n'a de laid qu'un contrefort intérieur, mais qui est belle en tout autre point ; jardins mélancoliques d'un évêché enveloppé de ruines ; salle capitulaire dont les colonnes s'épanouissent en nervures innombrables, comme les fûts des palmiers ; chanoines érudits ; bibliothèque où l'on peut feuilleter l'*Aristote* d'Érasme, imprimé par le grand

Alde... Cette journée encore fut exquise. La pluie ne tombait plus. Les paysans, dans les guérets nouveaux, faisaient flamber les mauvaises herbes ; la fumée, poussée par le vent, se couchait sur le sol, et des nuages gris, là-haut, des nuages échevelés, tordus, noués et dénoués souplement, coulaient sur l'azur pâle, comme si, dans le ciel, ç'avait été aussi l'heure des semailles et des brûlis.

III

UNE GRANDE DEMEURE

Me voici dans une des plus belles et des plus célèbres demeures de l'Angleterre. Elle fut achevée sous Jacques II, l'une des grandes époques d'architecture. On l'aperçoit de loin, toute blanche, dans la verdure d'un parc très vieux, et sa longue façade est enveloppée d'arbres lourds. Elle domine une petite ville. Elle réalise le rêve des hommes qui se souvenaient encore des forteresses, et qui demandaient du confortable. Ses murs crénelés cachent le toit ; des demi-tours à pans coupés, de larges fenêtres, nombreuses, rompent la monotonie de cette nappe de pierre levée à mi-coteau. Deux ailes, en arrière, prolongent le château et forment la cour d'honneur.

J'arrive à la nuit. Dans l'encadrement de l'avenue montante, entre les houles sombres des feuillages et les nuages qui glissent au-dessus, le château, illuminé, prend un air de joaillerie. Aux reflets bleus, je reconnais l'électricité. La voiture s'arrête devant un perron bas. J'entre dans un vestibule, et, de là, dans une galerie qui a toute la longueur du château, et qu'éclairent vingt chevaliers bardés de fer, rangés le long des murailles, et dont chacun porte une lanterne.

Oui, cette demeure est singulièrement intéressante. Comme d'autres, elle a son trésor de souvenirs, ses tableaux de maîtres, ses tapisseries, ses livres; on y peut voir, au fond de la chapelle, le fauteuil de la reine Anne; dans un des salons, le berceau de la reine Élisabeth, tout semblable aux barcelonnettes de bois des fermes bretonnes. Mais elle abrite aussi de l'histoire contemporaine : l'une des familles les plus mêlées aux affaires, les mieux douées, les plus unies de l'aristocratie anglaise. Lord S..., mort en 1903, avait été trois fois premier ministre de Grande-Bretagne et d'Irlande. Ses fils continuent de servir, comme on disait en France, autrefois, et ne se contentent pas du reflet de la gloire paternelle. L'aîné siège naturellement à la Chambre des lords ; il a fait la guerre au Transvaal ; tout à l'heure, en causant avec lui dans la bibliothèque, en le voyant feuilleter des livres et des albums, j'ai eu le sentiment qu'il avait le goût de toutes les choses de l'esprit, et qu'il les jugeait mieux qu'en homme du monde. Un autre fils est membre de la Chambre des communes ; un autre l'a été et le sera de nouveau, quelque jour : tous les deux, me dit-on, sont orateurs. Un autre, je crois, est soldat, et gouverne une colonie d'Afrique. Un autre est curé de la petite ville tassée au pied du château. Il revient d'un voyage de plusieurs mois au Japon et en Chine. Je me réjouis de l'interroger, ce soir. La maison, si vaste qu'elle soit, me semble pleine, tant les invités sont nombreux.

Est-ce un simple hasard? Ai-je eu la chance d'être accueilli par des familles où les habitudes de piété se sont conservées plus fidèlement qu'ailleurs? Il est probable. Dans le Norfolk, sir H..., récitait, chaque matin, la prière dans la chapelle, devant ses enfants, ses hôtes anglicans et ses domestiques assemblés. Quelques jours plus tard, fort loin de là dans un comté de l'Ouest, ayant ouvert, par mégarde, la porte de la salle à manger quelques minutes avant le breakfast, je trouvai quatre personnes, de familles différentes, faisant la prière en commun. Ici, au moment où j'entre dans la chambre qui m'est destinée, je remarque une petite pancarte fixée au mur. Elle indique les heures des repas, — neuf heures trente, une heure trente, cinq heures, huit heures quinze, — puis les heures de la prière quotidienne et celles des offices du dimanche, à la chapelle...

Les chambres portent un nom d'arbre ou un nom de personnage politique. Il y a le chêne, l'érable, le pin; il y a aussi la chambre de la Reine, ainsi désignée parce que la reine Victoria y a couché, la chambre de Cromwell, de Wellington, de Beaconsfield.

*
* *

Le cérémonial du dîner, — je ne trouve pas d'expression plus juste, — est le même partout, mais plus frappant dans une maison pleine, comme le sont les mouvements d'ensemble. A huit heures quinze, tout le monde est réuni dans un des salons, à l'extrémité de la galerie. Aucun retardataire. On descend. Le dîner est servi dans une salle qui a deux étages de hauteur, et qui me rappelle des salles toutes pareilles de palais italiens, où il y avait une tribune pour les violons et les harpes. J'ai l'impression agréable, et que j'éprouve rarement, d'un luxe vrai, autorisé par la naissance, exigé par le rang et par le rôle, d'un luxe qui a l'habitude de servir et dont on a l'habitude. La vanité humaine, à un certain degré de richesse et de noblesse, n'est plus là. Elle est ailleurs, naturellement, puisque nous ne saurions nous passer d'elle. Mais l'excès de nous-mêmes, quand il n'est pas fondé sur l'argent, a du moins cet avantage d'être amusant quelquefois. Une de mes voisines parle d'une nouvelle œuvre d'assistance de Londres. Elle s'y intéresse, elle fait preuve d'intelligence dans la manière dont elle la décrit ; elle est organisatrice assurément, et probablement très bonne. Mais j'ai le malheur de glisser une phrase, d'une banalité déplorable, je le reconnais, sur la misère des grandes villes. Aussitôt j'observe un mouvement d'impatience, et je suis puni d'avoir cru qu'il y a des pauvres à Londres, comme à Paris. « Non, monsieur ; tout cela est fort exagéré. Dans nos villes industrielles, le travail ne manque pas. Et ceux qui travaillent gagnent bien, et sont contents. »

Aux murs de la salle, plusieurs drapeaux sont pendus. J'ai vu tout de suite, en entrant, que quatre étaient français. Ce sont des drapeaux carrés, de petite taille. De la place où je suis, je puis lire sur l'un d'eux, en lettres brodées dont l'or est tout terni : « L'Empereur Napoléon au département de la Haute-Loire » ; et sur un autre : « L'Empereur Napoléon au département de la Haute-Vienne ». Quand je m'informe, on me répond qu'ils ont été donnés par Wellington. Je regarde longtemps ces aigles, prisonnières en Angleterre. Elles n'ont pas été conquises sur le champ de bataille, mais enlevées simplement, dans le pillage d'une préfecture. Je pense au jour où elles frémirent dans la main de l'Empereur, au jour où il les remit au représentant de la Haute-Loire, au représentant de la Haute-Vienne, pour de futures gardes nationales...

Le dîner dure peu de temps. Après avoir fumé une cigarette, une seule, les hommes retrouvent au salon la maîtresse de la maison et leurs voisines de table, qui ont quitté la salle à manger les premières, selon l'usage. Et l'on cause jusqu'à onze heures. Autour de nous, le long des murs, il y a tout un passé, toute une galerie de portraits d'époques différentes. Parmi ces portraits, un grand tableau représente l'empereur d'Allemagne, en uniforme d'amiral, sur le pont d'un navire. C'est un souvenir : Guillaume II a passé ici plusieurs jours, avec l'Impératrice, en 1891.

Conversation presque toujours instructive et vivante, parce qu'elle est dominée par la politique, et conduite par des hommes d'action.

Nous sommes à la fin d'une crise assez grave, qui met aux prises les ouvriers de chemins de fer avec l'autorité patronale et, l'on peut dire, avec l'autorité sociale. Un directeur d'une des grandes Compagnies anglaises, très entouré, très calme, n'a cessé de répondre obligeamment, à plus de vingt personnes qui ont dû lui faire les mêmes questions. Je note quelques mots qui m'ont été dits, dans un groupe ou dans l'autre, toujours en français et souvent avec un tour heureux.

Un membre du Parlement. — Sans doute, monsieur, nous sommes menacés, nous aussi, et les mêmes éléments révolutionnaires essaient de nous entamer. Mais, en Angleterre, ils auront moins de puissance que chez vous.
— Je le souhaite, sans y croire. — Pardon, tout se fait lentement, ici, même le mal, et nous réfléchissons en agissant, ce qui permet de ne pas aller jusqu'au bout. Les électeurs, avec leur bon sens et leur esprit pratique, comprendront que les promesses, comme les parfums, peuvent griser, mais ne nourrissent pas.

Un autre. — Nous sommes des illogiques. Que de sottises cela empêche!

Un troisième. — Je reconnais, cependant, qu'il y a une chose inquiétante. Il faut songer que notre constitution anglaise, notre politique, nos mœurs publiques, tout, en Angleterre, a été fait en vue de deux partis. S'il s'en forme un troisième, qu'adviendra-t-il?

Lady K. — Oui, assurément, j'ai beaucoup connu le père de lord S..., le chef de cette belle famille qui nous entoure. Je ne suis plus toute jeune. C'était un homme sarcastique. Sa bonté, très réelle, vivait sous l'épine. Il ne donnait jamais un conseil, et ses enfants ne parvenaient pas toujours à deviner son avis. Désabusé des hommes, désabusé des mots. Il disait : « L'exemple seul des parents sert à quelque chose. »

Quelqu'un du Foreign Office. — Monsieur, nos sentiments profonds sont taciturnes.

Miss Vera N. — Demain, vous verrez le parc. Il est très beau. Je vous raconterai un mot curieux, — parmi tant d'autres à jamais ignorés, — qui y a été dit. Voulez-vous? Seulement, vous me direz ce que vous en pensez?

— Volontiers.

— Eh bien! lorsque l'empereur d'Allemagne

vint ici, il voulut faire une promenade à cheval, dans le parc. Quatre chevaux furent sellés. L'Empereur allait devant, accompagné par lord S. Deux aides de camp suivaient. A une petite distance du château, la jument que montait lord S. prit peur, et partit à toute allure ; le cheval de l'Empereur fit de même. Y eut il quelques secondes de danger? Je ne sais. Mais aussitôt, d'un même élan, les deux aides de camp se précipitèrent et encadrèrent leur souverain, galopant botte à botte, prêts à lui porter secours. Puis, les chevaux se calmèrent ; la course cessa ; on reprit la promenade. Alors, un des officiers, passant, pour se remettre à la suite, près de lord S., lui dit : « Votre jument, monsieur, mériterait d'être fusillée !... » Que pensez-vous du mot?

— Il est rude, mais superbe !

— Vraiment? Un Français l'aurait dit? Un Français d'autrefois?

— Avec des nuances, mademoiselle ; ils en trouvaient même au galop. Mais le sentiment eût été le même.

* *
*

A onze heures, la réception est finie : la soirée ne l'est pas. On se retire. Les salons entrent dans l'ombre. Mais bientôt, par les escaliers, par les couloirs, les hommes, évitant de faire trop de bruit, se dirigent vers le fumoir, où sont disposées les bouteilles de whisky et de soda, les boîtes de cigares, les cigarettes. Ils se sont mis à l'aise. Ils ont enlevé leur habit et souvent leurs souliers vernis, pour endosser le veston ou la robe de chambre, et chausser les pantoufles. Et la deuxième soirée commence, illimitée, dans la fumée bleue.

IV

LE VILLAGE
UN PARC DANS LE YORKSHIRE

J'entends bien les mots que j'ai si souvent lus; que les Français ne manquent pas de répéter, comme la plus neuve de leurs impressions, après quarante-huit heures passées à Londres; que les Anglais m'ont dits également, plus d'une fois : « Nous sommes si différents ! » Nous avons, en France, et ils ont, en Angleterre, toute une littérature qui expose cette vérité, la débite en morceaux, la commente et l'illustre. Elle est intéressante, elle est amusante, mais combien exclusive et oublieuse ! Entre les Anglais et nous, je veux bien admettre un millier de différences, un million si on y tient, mais, à vivre parmi eux, dans le home, on s'aperçoit que la littérature insiste trop, ici encore, comme elle le fait toujours sur les sujets faciles, et qu'il reste quelque chose de commun entre des hommes si différents. Il reste l'humanité, tout simplement, l'essentiel, le meilleur de la sensibilité, et tant d'idées qui donnent un air de famille au monde civilisé. Je me dis, avec une conviction grandissante : quel choix d'amis un Français qui aurait le temps pourrait faire en Angleterre! Quels amis solides et reposants, prodigues d'attentions muettes, intimidés par leur propre cœur, jusqu'à prendre le ton de l'humour, pour exprimer leurs sentiments les plus profonds, exacts dans leur politesse, juges équitables de la noblesse d'un acte et du bon droit d'un homme, excepté quand l'intérêt du pays ou seulement son orgueil est en jeu!

Lord H... chez lequel je vais passer quelques jours, avant de regagner la France, est précisément l'un des hommes qui représentent le tempérament anglais, comment dirai-je? à son maximum d'acclimatation. Il connaît les sauvages de la Terre de Feu, mais aussi Paris, la

France et les Français; il a l'esprit vif et curieux et, chose infiniment rare, le sentiment que l'Angleterre n'est pas l'unique fruit de civilisation, le melon poussé sur le fumier de cent races qu'il domine et qui l'aident à mûrir, mais qu'il y a d'autres peuples, très bien doués, et des qualités de race, fort répandues chez les voisins et qui ne font pas partie du patrimoine anglais. Il est artiste, spirituel et, avec les mains les plus fines du monde, tout le contraire d'un faible. Tout à l'heure, il m'a dit : « Je ne comprends pas votre Louis-Philippe, quittant les Tuileries sans se défendre contre l'émeute. Il fallait tirer. Quels malheurs la force épargne! »

Le domaine de lord H... est fort éloigné de Londres, situé dans le nord de l'Angleterre, dans cette partie où les usines, les mines, les villages ouvriers, les villes de grande industrie emplissent les vallées. Et certes, du château où nous causons depuis ce matin, on n'aperçoit aucune cheminée de fabrique; la prairie qui descend, devant les fenêtres, paraît bien être du plus beau vert, le plus uniforme, le moins souillé, le plus vibrant; les deux futaies qui l'encadrent et s'ouvrent avec elle ont le même ton que les nôtres à la fin de l'automne. Cependant, tout à l'heure, quand j'ai mis le pied dehors et suivi l'allée qui mène au jardin, j'ai trouvé bien sombres les feuilles des rosiers, je me suis penché : elles avaient un peu de poudre noire sur toutes leurs arêtes, de la neige des quatre saisons. Mon hôte sort du château et m'appelle :

— Ah! vous regardez mes rosiers! Je les fais venir de France; ils poussent bien d'abord, mais cette terrible fumée les tue, à leur troisième ou quatrième fleur. Venez avec moi; allons voir le village!

Je comprends que nous allons visiter un village comme il y en a, en France, plus ou moins loin de chacune de nos maisons de campagne. Mais non, je suis vite détrompé. A cent pas du château, lord H... m'introduit dans un atelier où travaille un vieil homme, rubicond avec des yeux gris et papillotants, et qui frotte, qui caresse de la main une haute colonne torse, tandis qu'un apprenti, au fond de la pièce, surveille le pot où bout la colle forte.

— Mon chef ébéniste, un artiste, un ami qui travaille pour la maison depuis quarante ans.

A quelques pas de là, dehors, nous rencontrons le scieur de pierres, puis, sous un hangar, les peintres, puis le charpentier, puis le maréchal ferrant; des ouvriers, à côté, battent des gerbes d'avoine; un des gardes-chasse passe et va vers les prés bas. A chacun de ces hommes, lord H... adresse la parole, affectueusement. Je les observe : bonnes têtes carrées, peu de mots, un salut sommaire, la casquette quitte à peine le crâne, mais le sourire est parfait, amical, de tout l'être à la fois; les mains vont d'elles-mêmes à celles du maître : il y a des siècles de confiance dans le plus petit de ces mouvements. Je reconnais des expressions de mes amis de la campagne, des plus anciens, de ceux qui ne finassent plus avec moi. Les nombreuses granges, les ateliers, les cottages en brique vernie, plus ou moins élégants selon le grade des employés, forment, autour de nous, un village où manquent cependant l'épicier marchand de grains et de faïence, le « buraliste », le boulanger reconnaissable aux trois miches d'or qui hachent le bas de sa fenêtre. Le temple, une église gothique, noire et charmante, avec ses pierres tombales toutes marquées du même nom, du même casque empanaché, des mêmes armes, lève sa tour au milieu d'une des futaies voisines.

— A présent, me dit lord H..., je vais vous présenter à notre fermière. Je vous préviens que c'est une dame fort importante.

Nous sortons de la rue boueuse, et nous traversons un jardinet aussi soigné que ceux des *boarding houses* de la côte anglaise, gazons bien tondus, fusains coupés en brosse et faisant clôture, corbeilles où achèvent de pâlir et de se dissoudre, dans les pluies d'automne, des dahlias simples et des bégonias de la petite espèce rose. La jeune fille de la maison est en rose, elle aussi; elle cousait à la machine, quand nous entrons, et elle se lève, appelle sa mère, forte matrone minaudière, coiffée en cheveux, et nous avons deux révérences.

— Ah! milord, je profite tout de suite de votre visite pour vous demander une réparation à laquelle nous tenons tant : qu'on agrandisse la fenêtre de la salle à manger, donnez-nous une belle fenêtre jusqu'au plafond, et large, large, et peinte en blanc!

Il faut vraiment être atteint de la fièvre mégalique — *febris pejor, frequentissima* — qui ruine tant de gens heureux, pour souhaiter un « home » plus confortable que celui de cette fermière. Un notaire de petite ville l'eût acheté tout meublé ; un officier d'administration en eût rêvé trente ans, et joui peut-être en fin de saison... Tout ce qui sert d'idéal à des cantons entiers se trouve ici au grand complet : salle à manger, salon, office, cuisine avec fourneau de fonte du dernier modèle, laiterie, tout un étage de chambres au-dessus, des tentures d'étoffe dans les appartements de réception, des bibelots partout, des lanternes japonaises, des meubles de chêne ciré, plus de cinquante photographies encadrées, un piano, des tapis, un parquet, en un mot les témoins obligés du bonheur. En traversant l'office, j'aperçois, pendus par la patte au bout d'une ficelle, deux perdrix grises et un jeune ramier. Lord H... a dû faire semblant de ne pas les voir.

Il m'invite à visiter son habitation de la cave au grenier, et nous employons la dernière heure de la matinée à parcourir les dépendances, à inspecter tous les services de cette habitation seigneuriale, y compris la boulangerie qui fabrique le pain de luxe et le pain de ménage, et la brasserie d'où sort la bière commune. Avant de rentrer au salon, il va s'informer de la santé d'une vieille femme, — la nourrice des enfants, — qui a ses appartements, pour toujours, sous le toit familial. Et je reviens au salon; on m'interroge, et quand j'ai raconté quelques-unes de mes impressions, deux jeunes femmes, qui sont invitées à déjeuner, disent chacun un mot joli. La première dit :

— Le temps des très grandes habitations est peut-être passé ; elles supposent une féodalité acceptée.

La seconde, qui est toute jeune, répond :

— Je crois que les pays où subsiste quelque chose de féodal sont les plus heureux : les gens d'un même domaine y forment une grande famille.

※
※ ※

Cet après-midi, excursion en automobile et visite au château de Wentworth Woodhouse. Les chemins sont mauvais, défoncés par les charrettes qui transportent la houille, et la campagne manque de joie ; un vieux terrien dirait qu'elle manque de cœur ; elle a l'air débile et las. Mais, dès que les barrières qui défendent l'accès du parc ont été franchies, ô royaume enchanté ! Les jardins de légende sont ainsi : ils se reposent ; les siècles passent à côté d'eux ; le monde est mauvais tout autour ; la beauté de leurs ombres y sert d'explication à la douceur des bêtes. Voici des prairies vallonnées, à perte de vue, devant moi ; elles s'en vont comme un grand fleuve vert clair et houleux, et, à droite, elles creusent des baies lumineuses dans la forêt toute noire, dont on ne voit pas non plus la fin. Sur la prairie, près de la forêt, il y a le château, qui paraît grand comme l'Escurial, — il doit l'être moins, mais la brume grossit ! — Et partout, à travers les étendues, des troupeaux d'animaux rares s'avancent à petits pas, broutant l'herbe et flairant le vent, des cerfs avec leurs biches, des daims, des antilopes, des bœufs à bosse, tout blancs, dont les grands parents sont venus de l'Inde, des bœufs d'Écosse à poil jaune et traînant à terre comme une frange. Je songe aux ménageries que Breughel assemblait dans ses paradis terrestres, à ses longues avenues sous les arbres, à ses longues vallées fraîches, au bout desquelles, dans les lointains des bois, il y avait toujours plus de bleu que dans le ciel même.

Le lord qui fit dessiner ce parc avait le goût des espaces et celui des collines drapées, et celui des chênes isolés dont la lumière fait le tour. Hélas! s'il revenait, que de chênes il pleurerait! Tous les vieux chênes meurent, beaucoup de jeunes sont malades, noircis par la fumée, empoisonnés par elle et étouffés. Nous sommes ici dans le domaine qui appartint au comte de Strafford, le ministre de Charles Ier. Il paraît que les archives sont pleines de pièces curieuses. La galerie de tableaux n'est pas moins riche. On y peut voir vingt-huit tableaux de Van Dyck, dont l'un au moins est un grand chef-d'œuvre, le portrait, peint dans le château même, de lord Strafford et de son secrétaire, celui-ci tout jeune, vif, spirituel, habillé de rouge, la plume levée, l'oreille tendue, amusé par les secrets d'État qu'il vient de « coucher par écrit », l'autre, le maître, vêtu de sombre, inquiet de la manière dont il va continuer sa dépêche, assez jeune encore de cheveux et de visage, mais sans jeunesse de regard. C'est le secrétaire qui fait envie, mais on se dit que l'Angleterre avait un bien solide ministre. Quand nous passons dans la vaste salle de réception carrée, dallée de marbre, à laquelle aboutit, au premier étage, l'escalier d'honneur, un de mes compagnons me raconte une des traditions de Wentworth Woodhouse.

— Cette salle, me dit-il, a connu, pendant trois cents ans, un mois de fêtes, chaque année. Jusqu'à la mort du grand-père du possesseur actuel, survenue il y a six ans, la coutume s'est maintenue, de père en fils, de tenir table ouverte tous les mardis de novembre. Dans les temps anciens, dans les âges féodaux, — si rudes, mais par tant de côtés fraternels, — venait qui voulait déjeuner chez le lord : ses voisins et ses paysans, les travailleurs des mines de charbon, les voyageurs et pauvres qui ambulaient dans le domaine ; puis, le nombre des passants, avec le progrès, devenant excessif, on changea la méthode, et tout le monde encore put venir, mais à la condition de prévenir et d'écrire : « Je viendrai déjeuner au château, tel mardi. » J'ai vu des déjeuners de quatre-vingts et cent couverts. Aujourd'hui, la tradition est brisée. Tant d'autres semblables ont disparu plus tôt ! Saviez-vous, par exemple, que jusqu'en 1848, tous les membres de la Chambre des communes ou de la Chambre des lords avaient le droit, s'il leur plaisait, d'aller dîner chez l'archevêque de Canterbury ? Ils n'avaient que deux obligations à remplir : prévenir leur hôte et arriver au palais de Sa Grâce en costume de pair ou de député.

*
* *

Le soir est déjà tombé. Que le soleil brille peu de temps, dans ce pays où la brume, de tous les points de l'horizon plat, monte en murailles qui se rapprochent et font la voûte ! Il n'est pas plus de trois heures, et déjà tout le relief des terres a cédé, l'éclat de l'herbe est mort ; on ne sait plus d'où vient la lumière ; la peur de la nuit rassemble les bêtes des troupeaux et des hardes, et les groupe en taches rousses sur les prairies toutes blanches. Les mâles tournent autour, et meuglent ou brament, et j'entends venir leur voix des profondeurs de l'ombre où la forêt s'efface. Tandis que l'automobile suit, à petite allure, une avenue tournante, un grand dix-cors trotte un peu en arrière, sur la pente, et ses biches le suivent, tendant le cou, et par-dessus les dos bruns et mouvants, le grand château n'est déjà plus, dans le brouillard, qu'un peu de brouillard plus pâle, où trois points d'or viennent de s'allumer.

V

CHASSE AU RENARD

Nous roulons en automobile, vers le nord-ouest du Yorkshire.

Matinée fraîche de la fin d'octobre, pas de vent, terres presque sans relief.

La pluie a l'air de ne tomber que par habitude, elle est lasse et lente ; lord H... affirme qu'elle va cesser. Je le souhaite sans y croire. « Vous verrez, dit-il, c'est une belle journée qui se prépare. Oh ! le petit renard n'a qu'à se bien tenir !... Mais je vous fais mes excuses : vous ne trouverez pas les chasseurs en habit rouge avant le premier novembre... Un peu de vitesse, John ! Nous apercevrons tout à l'heure les futaies de Bramham. »

En attendant, il tire d'un sac de voyage une provision de chocolat et, après en avoir offert à lady H... et à une jeune femme dont la tête rose et blonde, au fond de la voiture, sort tout ébouriffée d'un amas de fourrures brunes, il baisse la glace de devant et donne une tablette aussi à Tom, le premier cocher, qui vient avec nous, je suppose, pour juger certains chevaux irlandais qu'on doit présenter à mon hôte. L'auto file à toute allure, sur la route déserte, sous la pluie tenace, et la boue gicle tout autour, en gerbes et en balles.

Vers neuf heures, les terres commencent à monter ; derrière le rideau de la pluie, lamé d'argent par les grosses gouttes qui tombent encore, une bande violette, régulière, se lève au-dessus de l'horizon, à gauche. Elle commence à un mille de nous peut-être, mais, à mesure que nous courons, elle se prolonge, elle se déroule, elle naît de toutes les brumes qui la cachaient, et qui fondent quand nous approchons, et qui la montrent. C'est le parc de Bramham.

John donne un coup de corne, et tourne. Nous descendons dans un chemin qui n'a aucune apparence d'avenue ; nous passons une barrière gardée par une maisonnette ruisselante de pluie et verdie par la mousse ; nous montons à travers un massif d'arbres, et, au moment où la voiture atteint le sommet de la côte, le soleil paraît. Si pâle que soit la lumière, quelle splendeur nous en vient, et quelle joie ! Devant nous, un parc des contes de fées : des prairies illuminées, qui ondulent, des groupes d'arbres lourds, encore feuillus et tout fumants, des lointains de futaies bleues, des éperons plus proches qui entament l'herbe et le soleil, des criques, des entrées sous bois, et là, partout, des nappes de fougères, d'un modelé souple, ardentes sur les lisières, et qu'on suit sous les branches, et qui reçoivent l'ombre sans cesser d'être claires. On arrête l'auto. Lord H... se lève, sourit d'un sourire de plaisir et d'orgueil, fait de la main un signe de bienvenue.

— Ah ! la voici !

Il n'en dit pas plus. Je regarde. Du château invisible, d'une clairière de forêt, du tournant d'un massif, de je ne sais où, une femme accourt au grand galop de son cheval blanc. On ne peut voir encore son visage, ni ses cheveux, ni la coupe de sa jupe. Mais comme on devine son âge et la moitié de son âme! Elle est jeune, j'en suis sûr, elle a une jolie taille, elle monte à ravir, elle aime la chasse, le cheval, l'air vif, le parc, l'Angleterre et la vie. A toute allure, elle descend un raidillon au milieu des prairies, elle saute un ruisseau, tourne un groupe de hêtres, fond sur nous comme si elle chargeait en bataille, s'arrête à trois pas de l'auto, répond au sourire de lord H., et dit :

Bonjour, père!

Le cheval est crotté jusqu'à moitié du ventre, le vêtement de chasse, en gros drap, a fait plus d'une campagne, mais la chasseresse est jeune.

En quelques minutes, nous sommes devant les ruines d'un vaste château, incendié en 1825. Une aile a été sauvée et les châtelains d'aujourd'hui l'habitent. Mais tous les murs avaient tenu bon ; ils sont encore debout, noircis, percés de deux étages de fenêtres qui sont belles de lignes, mais si tristes depuis que le regard de la maison n'est plus en elles, et l'on me dit que peu à peu, chaque année, on rebâtit quelques-unes des salles de réception et des chambres d'autrefois. Les communs n'ont pas souffert. Ils sont faits à la taille et pour l'usage d'un rendez-vous de chasse où toute la *gentry*, de vingt lieues à la ronde, peut tomber à l'improviste, avec son train de serviteurs et de voitures. Dans la cour, deux chevaux nous attendent. L'un est pour lord H., l'autre est pour moi, et nous partons tout de suite, accompagnant Mrs. L. F., qui n'a pas mis pied à terre.

Le bois n'est pas loin. Par un chemin forestier, tantôt rembourré de brande, tantôt glissant et fondant comme une glace mi-pistache et mi-chocolat, étroit d'ailleurs et souvent entamé par les touffes de rhododendrons, nous arrivons au carrefour. Je ne m'attendais pas à voir un pareil peloton de chasseurs. Ils sont là plus de quarante, en jaquette et chapeau rond, montés sur des chevaux de tout poil, de toute taille, bien nourris comme leurs maîtres. Je songe : « Tout à l'heure, s'il y a un débucher en plaine, le train sera sévère. » Parmi les hommes, quatre femmes dont deux ne sont plus jeunes, et dont pas une n'a un costume neuf ou un galon. Elles viennent pour la chasse, comme sont venus tous ces gentlemen, quelques-uns sans doute invités, la plupart simples voisins, propriétaires, fermiers, gens de liberté les uns et les autres, qui ont un cheval, l'envie de galoper pendant trois ou quatre heures, et qui n'ont qu'un salut à faire pour être admis dans le cortège seigneurial du renard. Je suis présenté au maître d'équipage, — qui monte un pur sang noir, admirable, — et il me prie, lui aussi, d'excuser l'absence d'habits rouges : « Avant le premier novembre, vous comprenez... »

— Parfaitement.

Il m'explique qu'il a une meute de cent chiens de renard, divisés, je dirais en France en deux chœurs, et qu'on chasse, à Bramham, quatre fois par semaine. D'un geste, il montre un carré de futaie, chênes mêlés de sapins.

— Vous entendez? Ils cherchent une voie;

les piqueurs les appuient : « Go in! Go in! » Tout à l'heure, dès qu'un renard sera levé, les hommes crieront : « Forward! »

J'entendais, en effet, le « Go in! » tranquille des piqueurs. De grosses gouttes tombaient des arbres, avec tapage, sur les capes de feutres et les pèlerines de caoutchouc. La respiration des hommes et des bêtes emplissait de fumée jaune les quatre sentiers qui se croisaient, et, au travers, je voyais passer, sous les branches, l'ombre muette et rapide des chiens de meute.

— L'un des obstacles que nous rencontrons ici, pour la chasse au renard, reprit M. L. F., c'est le rhododendron. Ces diables d'arbustes sont si fournis, regardez-les, ici, là, et plus loin encore, que si le renard se fourre sous leurs racines, très souvent on ne peut l'en déloger.

A ce moment, un cri suraigu, prolongé, quelque chose comme un son de clarinette éperdue. C'est le *Forward*. Aucun aboiement des chiens; aucun appel de corne.

— Il a vu le renard! me dit le maître d'équipage, qui met son cheval au trot.

Tous les chasseurs se pressent dans le chemin qui monte un peu. Plusieurs entrent sous bois. Nous y entrons bientôt tous. Piqueurs et chiens ont disparu, fondu sans donner de nouvelles. Les chevaux s'ébrouent ; ils trébuchent sur des branches mortes que la mousse cachait ; un faisan part, éblouissant, puis une bécasse ; les chasseurs à tir saluent l'oiseau d'une exclamation involontaire ; le sous-bois devient clair, les arbres ont du ciel et des nuages jusqu'au-dessous de la fourche : c'est la sortie de la futaie, tout le monde rallie, nous arrivons en paquet à la barrière ouverte, comme des grains de plomb à la gueule d'un fusil... Et alors, alors, dans une prairie immense, les quarante chevaux se lancent à fond de train. Derrière le grand pur sang noir, qui mène la course, ils filent en ligne droite, ils cherchent à dépasser le voisin, ils l'éclaboussent, ils vont le mordre, ils font honneur à l'avoine du Royaume-Uni, à la belle piste verte qui sonne comme une caverne ; ils emportent des cavaliers plus ou moins enivrés par la vitesse, mais tous attentifs à serrer les genoux. Personne ne tombe ; il n'y a qu'un chapeau qui s'envole. On traverse à la débandade un boqueteau, et la course effrénée reprend, et de lui-même l'escadron se reforme. Quelques amateurs ont rencontré une superbe palissade, haute et vieille, et se sont hâtés de la sauter, — je crois même qu'ils l'ont écrêtée, — mais le cheval noir du maître d'équipage, avec un à-propos dont je l'ai remercié tout bas, a découvert une brèche. Et la seconde prairie coule sur nos étriers, les bouquets d'arbres grossissent, frissonnent, nous frôlent et entrent dans le passé. Où sont les chiens? Où est la chasse? Nous traversons un champ, puis un autre. Les haies sont claires. On se met au trot, on se met au pas. Nous voici dans une pièce de terre montante, et j'aperçois les piqueurs tout au bout. Les grands chiens tricolores galopent en tous sens; ils ont perdu le renard; ils sont toujours muets ; j'admire l'extraordinaire rapidité de leur quête ; je me souviens de ces ombres tournantes, de ces randonnées des chiens qui chassent la martre, dans les nuits de lune. On ne perd pas de temps. Cinq minutes au plus, après le défaut, mon voisin, un Anglais massif, se penche, et me dit cette phrase aérienne :

— Les voies du renard sont légères !

*
* *

Nous sommes battus. Nous piquons par les chemins, en trottinant, vers un autre bois. Une demi-heure ne s'est pas écoulée qu'un second « *Forward!* » aussi aigu que le premier, m'apprend qu'un second renard a quitté son gîte. Je le suis un peu de temps ; mais je dois prendre, à la fin de l'après-midi, un train qui me ramènera à Londres. Lord H... m'avertit qu'il faut se hâter, et, pour me consoler :

— Je vous ménage une surprise, me dit-il.

O phrase que j'ai entendue si souvent quand j'étais jeune ! En ce temps-là, elle était toute-puissante. Elle le fut encore une fois, peut-être pas la dernière, et j'eus raison d'y croire.

Revenus au château, nous traversons le rez-de-chaussée incendié, et, par un perron tout moussu, nous descendons dans les jardins. Comme elle est jolie, d'un dessin ferme et d'une proportion juste, cette pelouse allongée, qui se termine en éventail au pied d'une terrasse demi-circulaire plantée d'arbres ! On jurerait...

— C'est curieux, dis-je à mon guide, de retrouver ici, dans le Yorkshire, les architectures de Versailles.

Il sourit, et m'emmène à droite. Des charmilles, des portiques d'arbres taillés, très larges, montent doucement ; nous les suivons pendant plusieurs centaines de mètres, et j'arrive au carrefour de sept ou huit charmilles pareilles qui s'enfoncent dans la forêt. Belles routes d'or, si bien parées par l'automne, si calmes dans le soir tombant ! Nous prenons l'une, puis l'autre, et nous allons où elles veulent nous conduire, au sommet d'un tertre enveloppé de futaies anciennes, et d'où descend un escalier dont le pareil n'a été vu qu'en songe. Il n'est ni trop rapide, ni trop lent ; il descend d'abord tout droit, entre les chênes, les ormes, les frênes qui penchent de chaque côté de leurs branches et ne peuvent les réunir, tant il est vaste, puis il coude à droite, et on le devine encore dans les pentes du vallon où la brume bleue habite ; et chacune de ces marches est un étang, un miroir d'eau encadré de marbre, une chose claire dans la forêt et taillée comme un diamant. Je demande :

— Qui a fait toutes ces merveilles, les échelons de lumière, les charmilles, les pelouses, les avenues?

— Le génie de la France, me répond lord H. La tradition affirme que Lenôtre a dessiné le parc.

Le soleil se couchait. Les miroirs d'eau étaient rayés de pourpre. Je restai là cinq minutes, et je ne regrettais plus la chasse.

PROMENADES EN CORSE

I

D'AJACCIO A LA FORÊT DE VIZZAVONA

« Mer belle à Sicié, agitée aux Sanguinaires. » Qui n'a pas lu cette ligne-là dans les bulletins météorologiques? Elle y revient comme un refrain. Moi, j'en rêve depuis ma petite jeunesse. « Agitée aux Sanguinaires! » J'ai si souvent désiré voir ces îles au nom éclatant et les vagues tout autour, soulevées en pointes, ardentes, agiles, flambantes sous le soleil et sous le reflet des roches, que j'ai dit au commandant du *Corte*, en quittant Marseille : « Commandant, je vous en prie, faites-moi réveiller quand nous passerons en vue des Sanguinaires? — Mais, monsieur, il sera deux heures et demie du matin, et le temps est brouillé. Nous entrerons dans le golfe comme dans un four ! — Faites-moi prévenir quand même ; il y aura peut-être un peu de lune ; on ne sait jamais ! »

A deux heures et demie, enveloppé dans mon manteau, j'étais sur le pont. Hélas ! des moutons gris couvraient tout le ciel, bien peu de lumière passait entre eux, et sur la mer presque sans vie, terne et muette comme du feutre, j'aperçus à bâbord, en regardant bien, trois pyramides, trois meringues noires, dont la première portait un phare. C'étaient les Sanguinaires. Je n'ai donc vu que leur ombre, et le rêve m'est resté.

Au lever du jour, nous étions, depuis longtemps déjà, devant Ajaccio. Une voix d'enfant s'éleva du quai, et vint à moi à travers le hublot. Elle disait : « *La mattinata è bella.* » Je remontai sur le pont. C'était vrai. La clarté était vive, et vif aussi le vent ; les derniers passagers quittaient le bord et suivaient leurs bagages ; j'avais devant moi, au delà du quai, une promenade plantée d'arbres aux feuilles grêles, puis une rangée de façades larges, hautes, sans ornement, mais peintes de cou-

leurs claires. Il y en avait deux ou trois
roses, une mauve, une verte, une grise et plusieurs de cette teinte jaune, paille d'avoine,
d'orge ou de froment, que les maçons de la Riviera nomment *terra d'ombra*. D'autres maisons, en arrière, commençaient à s'élever sur
les pentes, devenaient de plus en plus petites
dans des jardins plus grands, et finissaient par
n'être plus, à mi-montagne, que des points de
lumière dans des bois. J'avais oublié les Sanguinaires, mais toute l'Italie était venue à l'appel; je revoyais des matins pareils à celui-ci;
des ports fameux et des marines inconnues au
pied des monts, comme des fruits tombés et
éclatants, des plages où la mer est bleue
d'abord et violette dans les ombres; des bouquets de palmes au-dessus d'un toit ; des
courbes lointaines de golfes qui semblent
peintes sur de la nacre; des campagnes où
le vert clair ne domine jamais ; et chacune de
ces images en passant, demandait :

— Me reconnais-tu?

Moi, je ne voulais pas avouer; je cherchais
à me souvenir de mon histoire, je répétais
tout bas : « La Corse, île française, conquise

et réunie une première fois à la couronne royale sous Henri II ; cédée définitivement par Gênes en 1768. »

Descendu à terre, je traverse une avenue de palmiers-dattiers qui portent des dattes mûres. Malgré l'heure matinale, il y a des Ajacciens dans la rue. Deux femmes descendent, vêtues de sombre, portant sur la tête, en équilibre, des paniers ronds pleins de murènes, de dorades et de congres ; elles marchent bien, le buste immobile. Une toute jeune les suit, avec un chevreau dans les bras ; elle est jolie, elle a, comme son chevreau, des yeux qui vont glissant jusqu'au coin des paupières longues ; des enfants jouent sur le trottoir, déjà sales magnifiquement ; deux hommes s'avancent en sens contraire, sur la chaussée, ils s'abordent, j'entends l'éclat contenu de leur voix de basse-taille, j'imagine qu'ils vont se séparer et aller chacun à ses affaires : non, ils montent ensemble vers la place du Diamant, choisissent un banc, tournent le dos à la mer parce que le vent souffle du large, et s'installent avec soin, avec habitude, pour commencer à ne rien faire. Ils doivent parler de questions municipales. La sévérité ne leur fait pas défaut, ni la passion cachée, ni le sourire bref quand ils voient passer un autre homme. Et les souvenirs d'Italie continuent à m'interroger.

— Les reconnais-tu, ces deux-là qui palabrent? Ils sont de Naples, ils sont de Florence, et de la rivière de Gênes...

J'ai répondu :

— Ils sont de partout! Je les ai rencontrés à Bergen. Laissez-moi en paix!

Quelle fraîcheur sortait de la mer et baignait toute l'île! Il y a de ces matins, entre le printemps et l'été, où l'air porte celui qui marche, comme l'eau porte un nageur. Par les chemins, j'arrivai vite en haut de la ville, et je continuai de monter, à travers les jardins, sans vouloir céder à la tentation de me retourner. Je cherchais la bonne place, la pointe de roche d'où l'on voit tout. Et la route, en attendant, m'amusait, avec ses sous-bois d'olivettes bien mouchetés de soleil, sa poussière de haute lisse écrasée par les roues, ses bouts de haies de figuiers de Barbarie, ses aloès, levant en plein ciel la tige sèche de l'ancienne fleur, que les hirondelles, bien sûr, prenaient pour un poteau télégraphique, car elles se posaient dessus. Dans cette campagne silencieuse, vivante seulement par l'âme du vent et l'odeur de ses bois, je découvris enfin une terrasse abandonnée, envahie par les herbes, au milieu de laquelle s'élevaient des degrés de pierre et un petit temple grec soutenu par quatre colonnes. Des cyprès flanquaient le tombeau. Toute la poésie du golfe appartiendra aux promeneurs qui viendront là. J'eus, en me retournant, l'émotion rare, impétueuse, dominatrice, des grands paysages du monde. Que ceux qui l'ont éprouvée une fois essayent de bâtir en eux-mêmes, avec les pauvres mots que voici, le décor merveilleux dont les plans sont si nets et si bien accordés : des cyprès noirs, un immense éperon de montagne qui descend, couvert d'oliviers ronds, la ville d'Ajaccio, formant la pointe, aiguë et blanche, la mer au delà très luisante à cause du matin et de la brise, et, au delà encore, enveloppant le golfe à triple et quadruple rang, les montagnes de la Corse, violettes au bord de l'eau, mauves et neigeuses au bord du ciel.

Pour la troisième fois, le souvenir des côtes voisines me revint en mémoire, et je dis :

— C'est aussi beau que la Sicile !

*
* *

En descendant, je visite la *casa Bonaparte*, car le grand Empereur, comme le dit un ancien livre, est toujours « la principale curiosité de la ville ». Les Ajacciens lui restent fidèles. C'est une noblesse dans tous les temps. Ils ont un quai, une rue, un cours Napoléon, et même une grotte Napoléon, sans préjudice d'une avenue du Premier-Consul, et, dans le voisinage, comme cela se doit, une rue du Roi-de-Rome, un boulevard du Roi-Jérôme, une rue Fesch, un boulevard Ornano. Toute la ville est ainsi marquée au chiffre impérial. La « casa » ne m'a semblé qu'un nom de plus dans la liste. Elle n'a pas de relique vraiment émouvante. Bonaparte a quitté trop tôt, trop longtemps avant la gloire, cette demeure de petit noble, ouverte sur une ruelle et serrée de près par des logements sordides, des couloirs extérieurs, des balcons où sèche, depuis des siècles, l'interminable lessive des mamans pauvres. La concierge, qui me précède et qui désigne brièvement les appartements que nous traversons, « la chambre où est né Napoléon, le petit salon, le *salon de soirée* », m'amène enfin devant la table sur laquelle est placé le registre des visiteurs. C'est le recueil habituel, la rue qui passe, qui signe, qui plaisante ou qui « pense », hélas! On trouverait cependant, je crois, quelques signatures éloquentes. J'aperçois celle d'Édouard VII, de la reine d'Angleterre, de la princesse Maud, 26 avril, 1903; je relève des mots drôles d'anciens soldats : « A la gloire du grand soldat, un du 4e zouaves, Deligny, dit Lebret »; « Vive l'immortel Napoléon, qui modifia à son gré la carte de l'Europe »; « Au grand homme qui a conquis toute l'Europe, je souhaite qu'il revienne encore! » Je note aussi beaucoup de noms allemands sur ce cahier de papier. J'interroge mon ami V..., qui sait toute la Corse.

— Ne vous étonnez pas, me dit-il. Nous voyons ici plus d'Anglais et plus d'Allemands que de Français continentaux.

J'ai visité avec plus d'émotion le « musée napoléonien ». Il est installé au premier étage de l'Hôtel de Ville. Tableaux, sculptures, médailles, presque tout a été légué par le cardinal Fesch. Et, si la valeur d'art est très inégale, on n'entend pas toutes ces choses parler de l'Empereur, plus ou moins bien, sans que l'esprit réponde, et le cœur quelquefois. Je m'arrête longuement devant le portrait de Charles Bonaparte, peint par Girodet, d'après les indications de l'Empereur ; — quelles évidentes précautions pour que l'image du père fût digne du fils : quelle belle prestance, quel costume seigneurial attentivement choisi, souliers à boucles, bas blancs, culotte et habit de velours cramoisi brodé d'or, gilet de soie jaune et perruque! — devant le buste en marbre du Roi de Rome, le même que Napoléon avait à Sainte-Hélène ; devant le *Départ de Murat*. Dans ce tableau, dit le catalogue, « Murat, debout, en uniforme, entouré des membres de sa famille, s'apprête à rejoindre un corps de cavalerie que l'on voit défiler dans le fond. Caroline le serre dans ses bras. » Bien d'autres pièces du musée sont curieuses, et, par exemple, ce feuillet de registre sur lequel est inscrit l'acte de baptême de Napoléon. L'acte est daté du 21 juillet 1771, — l'enfant était né deux ans plus tôt, — il porte la signature du père, qui signe Carlo *Buonaparte*, mais le nom est déjà orthographié, dans le texte et en marge : Bonaparte.

Comme l'après-midi est belle, je loue une voiture pour aller à La Punta, c'est-à-dire au sommet de la montagne qui domine Ajaccio, promenade classique, et délicieuse aujourd'hui. La route doit perdre de son charme en été ; mais le vent du nord n'a pas cessé de souffler, les dernières pluies ne sont pas loin : elle est révélatrice de la beauté du printemps corse.

Regardez toujours les cultures maraîchères, les jardins, les vergers qui enveloppent les villes. C'est un principe du voyage. Vous connaîtrez ce que produit la terre d'une région quand l'eau ne manque pas. Autour d'Ajaccio, les bosquets d'orangers et de citronniers disent assez qu'avec un peu d'industrie on ferait vite, de cette vallée qui tourne et qui monte lentement, une nouvelle Conque d'Or. Les « agrumes » y vivent en pleine santé, feuillus, luisants, et de ce vert nourri qui est celui des marbres antiques. Les oranges mûres tombent à terre, par douzaines, comme les pommes sous les pommiers de Bretagne. Il n'y a guère de groupes d'arbres qui ressemblent plus à un monument sculpté que les bosquets d'orangers. L'hiver ne change pas leurs formes, ni le vent; ils font partie du relief, dans le paysage.

Mes chevaux se mettent au pas; la montée devient raide, et maintenant le maquis borde la route, non pas un vieux maquis, un jeune, bien poussant, bien fleuri, au plus beau mois. Je descends pour le mieux voir, le toucher, le respirer, pour en donner la recette. De quoi est-ce fait, le maquis? Celui où je baigne jusqu'aux épaules, en suivant les sentiers tracés par les chèvres, abonde en arbousiers, en lentisques, en myrtes, en bruyères blanches. C'est le fond de ce bois épais, moutonneux, persistant comme la mousse et comme elle arrondi.

Mais il s'en faut que la bruyère soit seule, parmi les feuilles, à lever ses palmes grises ; il y a un monde de fleurs : des buissons de cistes couverts d'églantines blanches à cœur d'or ; des phyllerea, plante dont les fleurs sont menues et pressées comme des œufs de poisson ; des lavandes à grosse fleur bleue ; des gerbes d'asphodèles ; un genêt épineux, et tant d'autres fleurs plus humbles, qui étoilent l'ombre chaude !

Plus haut encore, la montagne se couvre d'olivettes, puis le maquis reprend mêlé de prairies sauvages, jusqu'au sommet. Un peu au-dessous de ce sommet, à six cent cinquante mètres en l'air, sur une terrasse abritée contre le vent d'ouest, s'élève le château de la Punta, propriété des Pozzo di Borgo. Il a été bâti en grande partie et orné avec des pierres apportées de Paris et provenant des Tuileries incendiées. La construction est donc récente. Je crois qu'elle n'a été achevée qu'en 1894. Et cependant ce château, ce parc, ces pelouses, ces arbres ont la mélancolie des décors arrangés pour les hommes et où les hommes ne vivent pas. Personne n'habite la Punta. Le domaine est ouvert à ceux qui frappent. Sur la terrasse achève de se rouiller un projecteur électrique, qui a dû fouiller et illuminer, pendant les nuits des premières années, tous les points de ce paysage grandiose. On l'avait habilement placé. Au nord, j'aperçois, par-dessus les croupes boisées, le golfe de Sagone, nappe d'argent clair, que barre orgueilleusement une roche rouge comme du sang. A l'est s'étend la terre de Corse, toute soulevée, toute en collines et en montagnes jusqu'où les yeux peuvent voir ; je la regarde avec amour, je lui demande qui elle est, et de toutes parts, comme une réponse, monte des profondeurs et m'arrive des sommets le sentiment de l'inhabité et de l'inculte, d'un pays livré aux herbes et aux troupeaux qui les broutent, d'une contrée sans tourniquets, sans fanfares, sans affiches, pauvre, sauvage, exquise à respirer. Ajaccio est là-bas, au sud, dans l'abîme où rit la mer lumineuse. Je le regarde aussi longuement. Je vois la ville toute petite et toute blanche, ses jetées comme des doigts blancs, mais son golfe reste grand dans l'enveloppe agrandie des montagnes. Je vois cela, — ô merveille des cadres! — entre les branches d'un pin noir et les aigrettes d'or d'un bois de mimosas qui a fleuri pour nous. Et c'est là le souvenir puissant que j'emporte, la joie qui ne s'éteindra plus dans ma mémoire.

J'emporte aussi un souvenir douloureux, et que je sais bien que je n'oublierai pas. C'est l'image du *Napoléon en 1815*, tel que l'a peint Louis David. Le tableau est pendu dans le grand salon de la Punta, en face de l'entrée. On vient de voir le berceau, en bas, à la Casa Bonaparte, et on rencontre là, à dix-huit cents pieds au-dessus, l'Empereur en manteau gris, debout au milieu d'un camp, et qui regarde venir le malheur, l'Empereur vieilli, bouffi, blafard, l'Empereur hallali courant. J'en ai rêvé tout le long du chemin.

Quand je rentre à Ajaccio, je trouve beaucoup de monde dans la cathédrale. Nous sommes au mercredi saint. L'office du soir va finir. Lorsque le dernier cierge est éteint, les chanoines ferment bruyamment les livres liturgiques, font un peu de tapage, que je n'attendais pas de ces « discrets et prudents messires ». Des enfants, près du portail, leur répondent avec plus d'entrain, frappant les dalles du pied, ou faisant claquer leurs mains sur les colonnes de marbre. Et le bruit grossirait, si le sacristain n'apparaissait pour mettre en fuite cette troupe de gamins et de gamines en haillons. Mon ami V... m'explique la chose.

— L'usage est bien affaibli à Ajaccio, me dit-il; ailleurs, vous le trouverez très vivant. Le peuple, aux Ténèbres du mercredi, du jeudi et du vendredi saints, fait tout ce bruit pour rappeler le tumulte qui s'éleva sur le Calvaire et dans Jérusalem, à la mort du Christ. Si vous étiez en ce moment à Bastia, vous entendriez un fameux bruit de traquets et de crécelles. Dans certains villages de l'intérieur, on frappe le sol de l'église à coups de bâton ou de feuilles d'aloès. Nous appelions cela, dans ma jeunesse, battre Judas, *batta a Juda*. Et, tenez, puisque vous partez demain pour Vizzavona, je serais bien étonné si vous n'entendiez pas, le long de la route, le son des gros coquillages marins dans lesquels les enfants soufflent en l'honneur de la Passion du Christ.

Il disait vrai. A toutes les stations du chemin de fer, dans l'après-midi du jeudi saint, j'ai entendu les conques marines, auprès du golfe que la voie contourne, et parmi les châtaigniers de Bocognano, et, quand nous arrivâmes à mille mètres au-dessus de la mer, dans les forêts de pins de Vizzavona.

II

LA FORÊT. — UNE PROCESSION A CORTE

Les Corses qui ont des vacances les passent volontiers à Vizzavona. Un grand hôtel se dresse en face de la toute petite gare ; le paysage est fait d'un ravin boisé qui descend en tournant et qui s'ouvre, et des nuages qui viennent par la trouée du col, tordus, tout blancs au-dessus des pins noirs, et tâtant la montagne avec leurs bords de ouate. On n'aperçoit aucun village ; l'espace découvert est si étroit qu'une compagnie d'alpins n'y manœuvrerait pas à l'aise. La forêt règne, et les sentiers s'y perdent tout de suite. Je prends l'un d'eux, et, à moins de cent pas, je découvre la chapelle la plus rustique que j'aie jamais vue, toute construite avec des branches et des planches de bois brut, sans porte et même sans cloison qui la ferme en avant : une boîte mise debout. On y célèbre la messe en été. J'imagine les assistants agenouillés sur la mousse, appuyés au tronc des arbres, les ombrelles ouvertes, une clochette minuscule qui sonne, et le vent qui tient l'orgue tout le temps. Le sentier monte. J'arrive à la maison forestière, très joliment campée, dans la boucle d'une de ces belles routes de montagnes, où ceux qui passent, même pour le travail, ont l'air de figurants. Nous sommes au cœur de la forêt, dominés, de tous les côtés, par des cônes ou des rampes de peu d'élévation, sans une clairière et sans un pré. Les promenades sont incroyablement faciles. Jusqu'au soir, je parcours la forêt, et je la parcours encore le lendemain matin. Elle n'étonne pas ; elle est fraîche ; elle est silencieuse ; elle est faite pour les vacances. Par moments, au creux des vallées, au bord des torrents, et, pour tout dire, partout où l'horizon est court, je me croirais dans les Vosges.

Des bois de pins Laricio succèdent à des perchis de hêtres. Et la saison n'est pas assez avancée, à cette altitude surtout, pour que les hêtres aient leurs feuilles, mais ils balancent déjà les bourgeons gonflés, vernis, qui collent aux doigts; les cimes, vues par masse et en travers, ont des reflets purpurins, et sous le couvert des grands arbres, des millions de petits hêtres, qui ont gardé la feuille d'automne, toute blonde, font la nappe de fougère. La couleur ne meurt pas dans les forêts. Quand elle tombe des branches, elle laisse à découvert, elle exalte en mourant la magnificence des colonnades de fûts qui montent ou qui descendent. J'ai vu, dans cette forêt de Vizzavona, des troncs de jeunes arbres transparents au soleil et veinés comme des agates.

J'ai vu des ruines aussi. Au tournant d'un lacet :

— Regardez, me dit mon ami V..., le feu a passé par ici en août 1906. Incendie volontaire, bien entendu... Ah! c'est là le crime qui ruine la Corse, le crime toujours impuni, et autrement redoutable que la vendetta... Vous nous faites rire, vous autres continentaux, avec vos Matteo Falcone et vos Bellacoscia...

— N'en auriez-vous plus dans le maquis?

— Plus du tout. Nous serons obligés d'en mettre, pour en montrer aux ministres en voyage. Mais l'incendiaire, c'est autre chose. Regardez : voilà son œuvre !

Toute la pente, au-dessous de moi et en avant, a été ravagée. Sur plus de cinq cents mètres de profondeur, elle est hérissée de ceps d'arbousiers morts, d'un gris blanc, d'un gris de vieil ossement, et entre lesquels se lève, çà et là, le tronc pourri et rompu d'un hêtre, ou bien un pin ébranché, qui n'a plus de vivant qu'un plumet d'aiguilles. On dirait que des milliers de daims et de rennes ont été tués là, et que les massacres sont restés sur le sol, blanchis par le soleil et par la pluie. A la frontière du feu, les branches mortes, portées par des troncs vivants, font un bourrelet blond. Et ce cimetière d'arbres s'étend sur plus d'un kilomètre de longueur, jusqu'à cette barre de roches qui a rompu le fleuve de vent et de feu.

— Un peu au delà, me dit mon ami, vous trouverez d'autres coupes également détruites. Dans celles-là, l'incendie avait été allumé quinze jours plus tôt.

— Et jamais l'incendiaire n'est pris?

— La preuve est si difficile à faire? Et puis...

V... se mit à rire, et il me raconta, avec l'ironie ardente qui est la sienne, avec sa voix chaude, dont le rire même n'est qu'un éclat de passion, une histoire qui commençait ainsi : « Aux environs de Sartène, où j'habitais alors, le brigadier de gendarmerie était gros comme une tonne, mais il commandait quatre gendarmes plus maigres que des chats sauvages... »

En causant, ou plutôt l'un contant une des mille histoires de la forêt corse, et l'autre l'écoutant, nous arrivâmes au sommet d'un grand éperon aride qui se détachait de la montagne et commandait deux vallées. Mon ami m'indiqua du doigt, au-dessous du promontoire, quelques villas qui sont « l'amorce », paraît-il, d'une station d'été. Mais je regardais autre chose : le couloir montagneux qui s'allongeait à droite et à gauche, et au bout duquel, de chaque côté, s'épanouissait un paysage très lointain. J'étais placé comme au milieu du tube d'une lorgnette pointée sur des sommets distants de bien des lieues. Le sol le plus proche de nous était déjà d'un bel intérêt, par son relief pierreux et tourmenté, par l'absence à peu près complète, même au fond de la vallée, de parties planes et herbeuses, par sa végétation broussailleuse, crépelée, aromatique et tenace, dont je sentais monter jusqu'à moi le souffle tiède. Mais les montagnes d'horizon surtout me retenaient sur leurs pentes.

Elles me rappelaient celles que j'avais vues du haut de la Punta; elles étaient plus éclairées et je comprenais mieux ce qu'il y avait en elles de nouveau pour moi. Le velouté des lointains était doux et profond; l'air limpide laissait venir tous les reflets, même les petits; aucune culture appréciable ne rompait l'harmonie des surfaces inviolées : mais le secret de cette beauté de lumière devait être surtout dans la pâleur des branches et des feuilles du maquis, des oliviers, des bruyères, des cistes qui, à travers d'immenses espaces, transparaissaient dans le bleu de la brume, et la tissaient de rayons d'argent.

C'est là, je crois, une des merveilles du paysage corse, et les saisons n'y changent rien.

※
※ ※

Je ne décrirai donc pas la descente de Vizzavona vers le plateau de Corte, bien qu'il y ait, d'un côté ou de l'autre du chemin de fer, des échappées de vue de tout point admirables, comme à Vivario et à Vecchio. J'avais quitté la forêt dans l'après-midi du vendredi saint, d'après le conseil de mon ami, qui me parlait ainsi :

— Ne vous attardez pas dans les futaies ; ne faites pas trop votre cour aux maquis : vous les retrouverez. Il faut que nous soyons avant la nuit à Corte. Car la petite ville a, chaque année, deux processions fameuses, l'une le jeudi saint, qui porte le nom de bigorneau, *granitola*, à cause de l'initéraire du cortège qui tourne sur lui-même, et la seconde le soir du vendredi saint. Celle-ci, le *mortorio*, la cérémonie de la mort, commence vers sept heures et demie du soir. Et, justement, nous assisterons à la sortie du grand Christ au tombeau, qui n'est porté à travers les rues que tous les cinq ou six ans.

Nous étions à Corte bien avant la tombée du

jour. Imaginez une plaine oblongue, par hasard assez bien cultivée, enveloppée de montagnes. Corte appartient à cette espèce de villes que j'appellerais volontiers : villes coniques à citadelle. Aux deux tiers de la plaine, à l'ouest, se dresse un rocher, en pente raide de trois côtés, à pic du quatrième, qui est celui qu'on découvre en venant d'Ajaccio. De vieilles murailles, fleuries d'herbes, des magasins militaires, une caserne où loge un bataillon d'infanterie, couronnent la crête. Immédiatement au-dessous se pressent des maisons du XVe, du XVIe, du XVIIe siècles, quelques-unes encore nobles, toutes misérables, noires de poussière et de crasse, séparées par des ruelles ou par des escaliers que huit jours de pluie diluvienne ne suffiraient pas à nettoyer, et où coulent, stagnent, pourrissent, s'évaporent ou pénètrent dans le sous-sol déjà saturé, tous les liquides et tous les déchets que vous voudrez. Là on vend des chevreaux de lait, dépouillés et fendus comme des lapins ; là s'étalent, au devant des boutiques noires, les légumes de la plaine ; là grouillent les enfants, picore la volaille, errent des petits cochons en liberté, montent des ânes ployant sous un faix de bois mort aussi large que la chaussée. Le plus bel endroit et le seul palier de ce pignon de la ville, c'est, presque au sommet, une petite place rectangulaire, bordée d'un côté par la façade de l'église, des trois autres par des maisons assez hautes, d'un seul ton de poussière cuite au soleil, forum où fut parlée, discutée, acclamée, combattue, toute l'histoire de la cité, et d'où pendent quatre ruelles accrochées aux quatre angles. Quel cadre quand la procession, tout à l'heure, l'emplira de couleurs en mouvement! Je guette la sortie des fidèles qui montent, de plus en plus nombreux, et qui entrent dans l'église. Le jour décroît. En me promenant au pied des murailles de la citadelle, je vois presque toute la ville, les maisons nouvelles soudées aux anciennes et couvrant le bas de la colline, des vergers, quelques fabriques, la campagne que l'ombre gagne. Et, en même temps, des lumières s'allument partout; le dessin compliqué des rues flambe dans la nuit commençante; chaque étage de chaque maison a son cordon de lampions, ses transparents, ses flambeaux alignés sur les balcons, et les plus pauvres logis, ceux qui m'enveloppent, ne sont pas les derniers à se préparer; les fenêtres s'ouvrent, une main de femme dépose sur l'appui une lampe à pétrole ou une veilleuse, et la petite flamme brille avec les autres, et tremble au vent, et dit : *Credo*.

A sept heures et demie, la place de l'église, vue de haut, donne l'impression d'une cheminée assez obscure, où s'agiteraient, sans s'élever, des gerbes d'étincelles. J'y cours. Elle est débordante de foule. Toutes les Cortisiennes sont là, les vieilles et les jeunes; chacun porte une bougie et cherche à l'allumer à la bougie d'un voisin, au cierge d'un figurant; de proche en proche, les petites flammes se multiplient; on rit; on s'interpelle; je vois à chaque moment surgir de la pénombre et vivre en clarté un visage nouveau, deux mains qui se tendent, un buste qui se redresse, un groupe. J'admire la grâce et la souplesse de mouvements de beaucoup de ces jeunes filles et jeunes femmes qui sont souvent vêtues de noir et dont les châles tombent bien. Je me rappelle des promenades dans Venise. Je le dis à un vieux brave homme de Corte, qui me répond : « Ici, les femmes sont fines. »

Il a raison. Voici qu'elles se taisent, par degrés. La procession sort de l'église et coupe la place en diagonale; les enfants ouvrent la marche, accompagnés de trois pénitents blancs qui ont de grands bâtons à la main et qui font la police; ils chantent en langue corse : « *Piange, peccatore, la morte del Redentore* »; puis viennent les femmes, sur deux rangs, la bougie au poing; elles sortent, descendent, disparaissent en chantant, et d'autres les remplacent et passent à leur tour; on dirait que l'église, la place, les ruelles voisines, sont un écheveau humain, qui se dévide inépuisablement; enfin s'avancent les hommes, les pénitents blancs, visage découvert, souvent jeunes, à la fois très simples et très crânes, ce qui est charmant. Six d'entre eux portent, sur leurs épaules, le Christ au tombeau, une statue du Christ, en carton gris, grandeur nature, très réaliste, très émouvante et qui est conservée à Corte depuis le xve siècle. Le Christ est couché dans un cercueil de bois; à ses pieds et de chaque côté de sa tête on a mis, par piété, un ornement qui doit être d'ancien usage, quatre pots où verdoie un semis de gazon; des bougies sont fixées sur le bord du tombeau, afin que toute la ville puisse voir le visage douloureux, les yeux fermés, les bras entr'ouverts jusque dans la mort. Tout de suite après le Crucifié s'avance l'*Addolorata*, statuette de demi-grandeur, vêtue comme une Cortisienne, et qui tient à la main gauche un mouchoir de batiste. Le clergé ferme la marche, et la procession descend par les ruelles, traverse la ville illuminée, respectueuse quand passe le cortège, et de nouveau bruyante dès qu'il a passé.

Une heure plus tard, je remontai, avec la procession, jusqu'à la petite place, tout en haut, et je fus témoin d'un spectacle qui n'était pas nouveau, assurément, pour les vieilles pierres des maisons et de l'église, mais qui renouait des coutumes depuis longtemps brisées. La foule était là, plus pressée encore qu'au départ; les têtes se touchaient; tous les balcons et toutes les fenêtres des façades avaient leur grappe de curieux; il faisait noir sur la place, chacun ayant soufflé sa bougie, et seul, le grand Christ au tombeau, posé sur des tréteaux devant la porte de l'église, gardait son auréole et éclairait une partie du peuple. Alors, au premier étage d'une maison, à gauche, au-dessus d'un café, un prêtre s'est montré dans l'encadrement d'une fenêtre. Il a fait un signe, et toute la foule s'est tournée vers lui. Il a parlé dix minutes, dans le grand silence ; il a remercié, et un long applaudissement, énergique, lui a répondu : comme au temps où Paoli, peut-être à cette même fenêtre, haranguait ses compatriotes.

Le matin du samedi saint fut d'abord tout tranquille et ordinaire. Chacun travaillait, flânait, fumait, dormait à son habitude. Quelques hommes, un balai sur l'épaule, et chargés sans doute d'un balai public, inspectaient le boulevard et ne remuaient la poussière qu'après en avoir délibéré. Des jeunes filles se promenaient, deux ou trois ensemble, nonchalantes et dignes, sous les arbres municipaux, très saluées, voulant l'être, mais évitant parfois de poser leur regard, à cause du feu noir dont il brille. Tout à coup, les cloches se sont mises à sonner. Et aussitôt cent pétards ont éclaté autour de moi, dans la rue, sur les balcons, dans les corridors; des gamins ont allumé des fusées, des chandelles romaines, des soleils tournants et toutes sortes de pièces d'artifices dans la lumière du plein jour. Tout Corte a crépité pendant une heure. Les belles jeunes filles ont abordé une bande d'amies qui se promenaient, comme elles, dans le jardin clair et peuplé. Elles n'ont pas dit : « Bonjour », comme elles font d'habitude. Elles avaient la permission des cloches; elles ont dit : « *Buone feste!* »

III

BASTIA. — LE CAP CORSE

Il est difficile, quand on a seulement traversé une ville, de dire d'elle autre chose que ceci : elle est blanche ; elle est grise ; elle est bâtie sur une colline ou étalée en plaine ; elle bruit ou elle dort. Dès qu'elle a un passé, une ville est pleine de mystère ; elle a ses monuments non classés, quelquefois les plus émouvants ; ses jours de beauté calme, ses heures de travesti ; ses mœurs, son humeur et son ambition, qui n'est souvent qu'une jalousie. Je n'en sais pas tant sur Bastia. Mais j'ai vu qu'elle est capitale évidente et consciente, d'esprit vif et agité, industrieuse et peu aidée, habitée par une population fort mêlée, qui cherche des chefs d'entreprise, des hommes d'initiative, des inventeurs de richesse, et qui trouve surtout des fonctionnaires et des politiciens. Bastia voit la côte italienne ou la devine. Elle est à quatre heures de Livourne. Elle parle avec complaisance de cette voisine qui paie bien, avec laquelle le commerce est actif et pourrait être considérable. J'ai assisté au départ d'un lougre qui s'en allait caboter avec Caprara, Elbe, Monte-Cristo, les belles îles renflées et bleues sur la mer, qui sont en ligne devant Bastia. J'ai entendu dire à un importateur de grains : « Je vais souvent à Florence : nous y sommes un peu chez nous. » Et en entrant, près du vieux port, dans l'oratoire de la Conception, j'ai cru retrouver une église de Rome décorée pour la fête du saint. C'étaient les mêmes sculptures opulentes, noircies par le temps et par la fumée des cierges, et les mêmes pentes de damas rouge tendues sur les pilastres. Dès qu'on met le pied sur la terre de Corse, cette comparaison vient à l'esprit, et je l'ai notée déjà ; elle vous suit et vous poursuit : mais à Bastia elle se précise, et l'Italie à laquelle on pense, c'est l'Italie fine, trafiquante et artiste.

— N'exprimez pas cette opinion devant des gens de la campagne, me dit mon ami N..., vous pourriez le regretter. Appeler Italien un paysan corse, c'est l'offenser, et si vous avez le malheur de l'appeler Lucquois, vous le provoquez. Gardez-vous ! Bien des violences n'ont pas eu d'autre cause.

*
* *

Le soir même, j'avais la preuve que mon ami ne se trompait pas. C'était le soir de Pâques. Malgré le libeccio qui soufflait en tempête et qui rendait la route deux fois rude pour nos chevaux, nous montions vers le col de Teghime. Les collines se succédaient, de plus en plus hautes, rangées d'éperons superbes, tous orientés du côté de la mer. Ils portaient sur leurs flancs des terrasses plantées de vignes et soutenues par des murs, d'autres plantées d'orangers, d'autres d'amandiers ou d'oliviers, et l'épaisseur de la verdure croissait au bas des pentes. Nous regardions ce paysage dont les détails se multipliaient à mesure que nous montions, mais qui restait le même et magnifique : la mer à notre gauche, toute fouaillée et charruée par la bourrasque ; une bande de terre inculte ; l'étang de Biguglia immobile et terne comme du mercure oxydé ; plus près de nous, la plaine, et, au delà, les montagnes qui se levaient. Et précisément à mi-montagne, en face de nous, à deux ou trois kilomètres, j'aperçus une flamme. Elle s'éteignit ; une spirale de fumée tourna au-dessus du maquis et prit le vent ; une tache cendrée apparut dans le vert, puis un point rouge qui grossit, puis des flammes, des flammes, des flammes qui galopèrent.

— Encore un incendie ! fit mon ami N...

— Vous en parlez philosophiquement, lui dis-je. Moi, je suis furieux. Vos bergers sont des misérables. Pour faire brouter quelques chèvres, ils ruinent la Corse !

Mon ami ne répondit pas. Il avisa un homme qui descendait, poussé par le libeccio, l'arrêta, lui montra du doigt les lignes de feu coupées de bandes de fumée.

— Ils ont choisi leur temps : un soir de

Pâques, un jour de vent. Qui est-ce qui a fait cela? Est-ce un Corse?

L'homme leva les épaules.

— Mais non, dit-il, vous le savez bien : ce sont tous des Lucquois, des Génois, des gens de rien.

Et il passa.

Le lendemain, je partais pour faire le tour du cap Corse. L'excursion se fait en trois jours. Grâce à de puissants appuis, — car je ne puis croire au simple hasard, — j'ai eu deux chevaux qui baissaient la tête et relevaient un pied dès qu'ils en avaient le loisir, mais qui trottaient aux côtes et aux descentes, et possédaient à fond, presque aussi bien qu'un bipède politique, l'art du tournant discret; j'ai eu un de ces landaus méditerranéens, chargés d'un sac d'orge à l'avant, d'une provision de foin comprimé à l'arrière, et qui veulent bien porter encore des voyageurs en surcroît; j'ai eu un cocher silencieux, buveur d'eau, habile à remplacer, dans le harnais, une pièce de cuir par une ficelle, et qui m'a remercié du pourboire. O Corse, tu es encore jeune, et je t'aime pour cette jeunesse!

Trois jours de voyage, et trois paysages bien différents : la côte orientale, le nez du cap, la côte de l'ouest.

Que de fois j'avais contemplé, sur les cartes, la figure de cette Corse, un ovale qui a une pointe en haut, très longue! Mes cartes ne valaient rien sans doute; le graveur avait cessé trop tôt de tracer ce point d'épine qui signifie : montagne; je m'imaginais que le bec de l'île était assez plat, qu'il ressemblait à l'épée de ce gros poisson qu'on nomme scie. Erreur complète! Le cap est une chaîne de montagnes, sans brisure, qui barre la mer sur une soixantaine de kilomètres. Mais la ligne des sommets demeure constamment éloignée de la rive orientale. De ce côté, l'inclinaison des terres est faible, les arêtes rocheuses sont peu élevées, les plages nombreuses; les petites vallées étroites se succèdent, désertes et incultes le plus souvent, avec un torrent au milieu, qui fait du bruit, des arbousiers penchés dessus, et une crique à l'embouchure, où les romarins fleurissent dans la pierraille, et pendent sur la

mer en paquets de laine violette. La route suit
le rivage. De loin en loin, un groupe de maisons de pêcheurs, une auberge, une chapelle,
un bureau de poste; c'est le port de quelque
gros village caché dans la montagne : Lavasina; Erbalunga, bâtie sur une presqu'île, les
vieilles façades plongeant dans l'eau; Santa-
Severa, qui est la marine de Luri, et dont les
murs sont peints en bleu, en jaune, en rose
sous la braise des tuiles; Macina, marine de
Rogliano. Si vous allez jamais en Corse, si
vous projetez surtout d'y passer une saison,
retenez ce nom de Rogliano. Je l'écris à regret,
parce que les beaux sites ne gagnent pas, d'habitude, à être connus; mais la vérité est plus
forte. Elle m'oblige à dire que je n'ai pas vu,
en Corse, de nid mieux fait pour le repos, de
lieu de vacances plus souhaitable que ce Rogliano, trois villages bâtis sur trois éperons de
montagne, au-dessus d'une conque verte, immense, toute en forêt et qui s'ouvre au loin sur
la mer. Comment le maquis de Rogliano a-t-il
échappé aux gardeurs de chèvres? je l'ignore,
mais il est admirable, intact, épais, et le parfum de ses écorces et de ses fleurs souffle

autour des maisons, qui sont blanches, et souvent belles. On a l'impression, en traversant les rues, en voyant les enfants qui jouent et les femmes qui lavent sous les grands oliviers, que la population est accueillante, riche et d'esprit vif.

— Ne vous étonnez pas, me dit quelqu'un. Les Capcorsiens sont des marins, des colonisateurs, des hommes qui courent le monde. Dans tous les villages vous remarquerez, comme ici, des maisons bien construites, des villas entourées de jardins et de vergers, et aussi des tombeaux élevés à grands frais au bord des routes. Si vous demandez : « A qui appartient ce domaine-ci ? Et celui-là ? » on vous répondra : « A Un Tel, un Américain. » Entendez par là un Corse qui a fait fortune dans l'Amérique du Sud, et qui est revenu ensuite se fixer au pays natal. Nos compatriotes sont extrêmement nombreux au Vénézuéla, où l'on trouve des villes, comme Carupano, uniquement habitées par des Corses, planteurs et marchands de café. Vous n'ignorez pas non plus que trente mille Corses vivent à Marseille. Je gagerais qu'une moitié d'entre eux est originaire du Cap.

L'enchantement de Rogliano dure jusqu'au point où nous franchissons les bords de l'immense coupe verte. Aussitôt après, tout change, les lignes, les couleurs, la température, l'odeur du vent. Nous sommes en plein nord. La mer est souveraine. Elle a déraciné, desséché, anémié le maquis ; ailleurs elle l'empêche de naître ; elle envoie son terrible mistral, le *marino*, fouiller les roches et les forer; les pierres sont usées, l'herbe manque sur de larges espaces où il suffirait d'un écran pour qu'elle poussât drue. Plusieurs de front, d'un même mouvement, des promontoires s'abaissent vers la mer, et terminent l'île de Corse. Au delà, séparé par un détroit toujours agité, il n'y a plus qu'un îlot, qui porte le phare et qui se nomme la Giraglia.

Le retour par la côte de l'ouest est la plus belle partie de l'excursion. Nous avons traversé, pour venir, les petits ports de la côte orientale. Maintenant nous suivons une route de corniche, tournante, audacieusement taillée dans le flanc des montagnes, à une hauteur qui varie entre cent et trois cent soixante mètres au-dessus de la mer. L'ampleur de l'horizon, l'éclat du moindre flot et de la moindre pierre des golfes qu'on domine, la très belle lumière qui court sous les branches et la très belle herbe qu'elle rencontre, le merveilleux village de Nonza, bâti sur une pyramide presque détachée de la côte, les bois, les cultures, cent raisons de cette sorte me font regretter non pas que Concarneau ait une colonie de peintres, mais que la Corse n'en ait pas une. Oui, les cultures, malgré la pente terrible, malgré le soleil, au milieu de ces masses de roches : les habitants ont fait des prodiges; partout où il a été possible d'établir, de suspendre des jardins aux flancs des falaises, ils ont taillé le rocher ou élargi les minces plates-formes naturelles, creusé des escaliers qui vont d'étage en étage, apporté de la terre, contenu le précieux humus à l'aide de petits murs, et enfin, dans ces cuves surchauffées, ils ont planté des cédratiers. La plupart des gros cédrats qui nous viennent par Marseille ont mûri sur le territoire fortement incliné de Morsiglia, de Pino ou de Nonza.

※
※ ※

Dans un de ces villages, où je passe la nuit, un jeune homme, à la porte de l'auberge, chantonne un air triste. Je lui demande de chanter tout haut pour moi. « C'est, me dit-il en riant, la complainte de Tramoni, le célèbre bandit Sartenais. Mais je puis dire, si vous le préférez, la *Berceuse*, qui est aussi de Sartène, ou la *Pipe*, que m'a apprise Napoléo. — Non, je préfère le bandit. » Il se met à chanter, d'une voix qui n'est pas sauvage, et je note, pour les traduire, les derniers couplets :

« Je suis Tramoni, bandit pour mon malheur;... les gendarmes et mes ennemis sont conjurés pour me perdre, et chaque jour, pour moi, la tombe est ouverte.

» O mère chérie, pleure ton fils abandonné et seul en ce monde; ils lui ont interdit Sartène, et la vallée d'Ortolu, quand je l'aperçois de loin, me semble un monde nouveau.

» Je porte cent cartouches dans ma giberne, prêt à faire feu, à moins que le cœur ne me défaille ; quant à me constituer prisonnier, jamais je ne le ferai; celui qui doit me tuer devra tirer à couvert.

» Si son abri n'est pas parfaitement sûr, si j'ai devant moi une figure d'homme, je veux lui rendre son coup de feu ; n'est-ce pas la loi de nature? La mire de mon fusil, je la distingue bien, même par la nuit noire. »

Ce Napoléo, qui chante, avec un succès non épuisé, la chanson qu'il a composée sur la Pipe, est un des trois chanteurs ambulants les plus connus de la Corse. Il est jeune encore ; on lui donne un sou pour sa peine ; il voyage seul; ses deux émules, Stra et Magiotti, font souvent route ensemble, et s'accompagnent avec la guitare.

Je ne crois pas que cette poésie populaire soit bien riche. Les *voceri* ne sont pas complètement tombés en désuétude, et, dans les cantons reculés, surtout dans le sud, vers Sartène et Bonifacio, on peut entendre encore ces improvisations criées par des pleureuses professionnelles. Mais, si vous errez dans les villages, si vous savez revenir, c'est-à-dire si vous laissez aux bonnes chances le temps de naître, vous entendrez des paysans chanter en parties dans un café ou dans une grange. C'est une merveille.

*
* *

J'ai entendu, dans une rue de Saint-Florent, un de ces concerts improvisés, ces voix contenues, chaudes, justes, qui reprennent une mélopée qu'invente le chef de chœur. Je vous souhaite la même fortune. Et d'ailleurs, même sans musique, Saint-Florent, par où se termine l'excursion du Cap, vaut mieux qu'un court passage. J'en dirai peu de choses, pour ne pas me répéter.

La petite ville est bâtie au fond d'un golfe, à la pointe de l'angle droit que forme le Cap avec les terres montueuses de l'île qui s'élargit, entre le chef et l'épaule. Sa plage reflète toute une file de vieilles maisons, qui vont dans la mer aussi loin qu'on peut y bâtir, douanes anciennes, j'imagine, logis de capitaines ou d'armateurs qui voulaient être les premiers à saluer les tartanes de Gênes ou de Marseille entrant à toutes voiles, poussées par le vent du nord. Les rues ont de l'imprévu, des détroits, des clairières, des ombres découpées, un air de famille noble, un peu gênée maintenant, mais qui se souvient. Je les ai visitées avec un homme intelligent, observateur, ancien maire du pays, qu'il connaît en administrateur, et qu'il aime en artiste. Il m'a conté l'histoire de sa ville, et le projet du grand Empereur qui voulut, un moment, établir là un port de guerre. M'ayant parlé du rêve, il me montra le port de la réalité, un lac enveloppé de prairies, de platanes, de tamaris, et que fréquentent des bandes de canards. Il me mena, à six cents mètres de la mer, sur la colline où s'élevait la cité primitive, dont il reste la cathédrale et quelques pans de murailles incrustés dans les façades de granges ou de porcheries. Et je vis, en même temps, la campagne montante, les blés, les prairies, les jachères toutes blanches d'asphodèles et les bois d'oliviers étagés en demi-cercle, par où j'allais gagner le défilé de Lancone et retrouver Bastia.

IV

LA CORSE EN AUTOMNE
DE BASTIA A CALACUCCIA. LA FORÊT D'AÏTONE

J'ai voulu voir ce que j'ignorais encore de cette Corse haute et sauvage. Revenant de Rome, dans les derniers jours d'octobre, je m'arrêtais à Livourne, et m'embarquais vers minuit. La distance est courte, de Livourne à Bastia. Certains bateaux la franchissent en quatre heures. Le nôtre mit un peu plus de temps. Au petit jour, nous étions devant la ville, qui est blanche et jaune d'habitude, et chaude aux yeux. Mais elle n'avait pas ses couleurs de joie, et les maisons de campagne, si nombreuses parmi les oliviers, sur les lacets qui montent vers le col de Taghime, disparaissaient presque dans la poussière. Je crois que toute la poussière des rues et des chemins, toute celle que le vent, au long de l'été, avait déposée sur les feuilles, toute la cendre des feux de pâtres volaient en tourbillons. Le libeccio soufflait furieusement. Un nuage épais, couleur d'aubergine, s'avançait en arc au-dessus des montagnes. Et la mer aussi était violette à perte de vue, sauf autour des éperons de la côte, tout éclatants d'écume.

A deux heures de l'après-midi, je quittais la ville, dans l'automobile de MM. Vincent et Joseph G., une Fiat puissante et souple, bâtie pour ces difficiles excursions de montagnes, et conduite par un chauffeur corse. La nationalité du chauffeur n'est pas ici indifférente. Il ne doit pas seulement avoir la main très sûre, de l'endurance, du sang-froid, le sentiment nuancé de toutes les pentes imaginables, une indifférence parfaite devant les beautés de la route : il est nécessaire qu'il connaisse la langue et le geste du pays, et l'effroi qui précède sur les chemins la machine roulante.

*
* *

Nous voulons, avant la nuit qui vient vite en cette saison, atteindre la haute vallée du Niolo. L'automobiliste a rarement l'occasion de « faire de la vitesse » dans l'île. Une des seules routes qui permettent les grandes allures, c'est celle que nous suivons d'abord, la route orientale, qui va de Bastia à Bonifacio. Les montagnes se lèvent à droite. A gauche s'étendent, très plates, des terres où les hommes ne peuvent dormir pendant cinq mois de l'année. Elles sont fertiles, tout l'annonce, la couleur des mottes, la santé des jeunes arbres, l'herbe drue : mais l'ennemi terrible les parcourt, le moucheron porte-fièvre qui sort, par milliards, de l'étang de Biguglia, des mares où s'enlize et s'endort le dernier filet d'eau des torrents. Nous passons près d'un groupe de maisons. Il y a une cheminée d'usine. C'est toujours laid. Mais ici, à quelle œuvre de mort elle travaille ! Elle n'abîme pas seulement le paysage où nous courons : elle dévaste une contrée. Autour d'elle, dans des chantiers immenses, sur les bords de la route, et plus loin, le long de la voie ferrée, des stères de bois blond sont alignés. Toute une forêt est abattue au pied de cette machine. Nous rencontrons des charrettes qui descendent, chargées du même bois, que j'ai déjà reconnu, à sa couleur, à son écorce, à ses fibres tordues et nouées fréquemment. Je me penche vers mon compagnon de voyage, l'un des propriétaires de l'automobile, qui a bien voulu m'accompagner.

— C'est une usine d'acide gallique, me dit-il.

— Établie par des Corses?

— Non, par des Allemands. Vous pourriez voir une seconde usine au bord de la mer, à Folelli, et une autre à Barchetta, celles-ci françaises.

— Allemandes ou Françaises, quelles terribles ennemies de vos châtaigneraies! Combien d'arbres ont-elles déjà réduits en bonbonnes d'acide? Elles devraient vous payer l'ombre et la beauté qu'elles détruisent. Je les déteste.

Nous allions vite heureusement, et des images nouvelles passaient, comme autant de jours, sur l'ennui d'un moment. Nous avions quitté la mer et la plaine orientale, nous traversions les terres dans la direction du sud-ouest, en suivant le cours du Golo. Le torrent n'a pas ce qu'on peut appeler un lit : il descend un escalier; il rencontre, çà et là, de petits paliers où il s'étale, et vire autour des pierres en tourbillons limpides. On surprend alors son regard, qui est vert et fugace. D'où vient le vert de ses eaux? Les prés sont rares sur les bords, et les arbres ne se penchent guère au-dessus. Les forêts ne drapent que des pentes éloignées, négligeables, de ces deux chaînes de montagnes qui ont le torrent pour ornière et qui, à mesure que nous avançons, deviennent plus escarpées, se hérissent d'aiguilles, d'éperons, de blocs mal affermis dans la roche friable. Bientôt, les montagnes se rapprochent, et, pendant quinze kilomètres, nous voyageons dans un des ravins les plus désolés du monde, dans le bruit, dans la poussière d'eau glacée qui ne fait pas vivre un brin d'herbe, mais qui retombe en coulures de vernis sur les parois de la pierre. C'est la *Scala di Santa Regina*. A peine si nous croisons deux ou trois charrettes chargées de mobilier et titubantes sur l'étroite route. Les mulets de flèche s'épouvantent, font volte-face et manquent de précipiter dans le Golo le chargement et les hommes qui sont couchés au sommet, sur un matelas. Il faut trouver un port de garage, arrêter le moteur, apaiser les bêtes qui sont à moitié folles, et les voyageurs qui le sont tout à fait. La tragédie ne dure pas. Dès que les deux voitures ont repris la bonne place, au milieu de la route, et qu'elles se tournent le dos, les colères tombent. On nous fait, de la main, — de cette main quelquefois si prompte, — un signe d'amitié, on nous donne une permission de continuer. Un détour nous ramène à la solitude. J'ai remarqué, pendant la halte et la pantomime, que les hommes ont des costumes de velours et qu'ils portent la barbe longue. Nous sommes au centre de l'île, nous allons arriver dans la plus haute de ses vallées. Après quelques rudes montées, le ravin s'élargit, les deux murailles de pierre s'ouvrent comme les branches d'un éventail, et se raccordent avec les montagnes qui enveloppent la plaine, une plaine longue, aux

belles pentes, où le vert des prairies a reparu.
Mais la couleur dominante n'est point celle de
l'herbe. Le libeccio continue de souffler; le
soleil se couche parmi des nuages désordonnés, espacés et fuyants; toutes les ombres
sont violettes. Elles tombent des sommets;
elles seront de la nuit tout à l'heure; elles
couvrent la vallée de leur pourpre assombrie
et vivante, les labours, les prés, les taillis, les
maisons où nous allons entrer. Et dominant
tout, en pleine lumière, ardente comme le
chaton de cette bague allongée, brille la neige
du mont Cinto.

Nous sommes à Calacuccia, chef-lieu du
Niolo. Il y a là, dans ce village si haut perché,
une auberge blanche, aux murs ripolinés, et
qui a fait tous ses efforts pour mériter l'approbation du Touring-Club. Il est doux de finir
près du feu une journée passée dans le vent.
Nous dînons dans la lueur des bûches flambantes. Les truites qu'on nous sert amènent
deux ou trois Niolins, qui dînent à la même
table, à faire une de ces classifications savou-

reuses que l'expérience seule peut oser, elle, plus sûre que les livres. J'apprends que, pour un amateur, les truites se divisent en trois espèces, selon le cru : truites d'en bas, truites d'en haut et truites de l'affluent. Je me défierais de cette dernière, d'après le ton du narrateur, qui prononce affluent comme il dirait province. Mais la truite d'en haut, celle qui vit dans l'écume des premières cascades ! N'allez pas croire que les fines gaules du bourg fassent venir de Saint-Étienne, — rappelez-vous les gros catalogues des manufactures d'armes, — les mouches artificielles qu'il faut lancer à la surface des miroirs d'eau, près des roches creuses ! Non pas ! Les pêcheurs « font leurs mouches », et la raison m'en paraît concluante. « Est-ce que vous croyez, monsieur, que là-bas, dans le département de la Loire, ils connaissent la couleur de la mouche du Niolo, de celle de septembre, par exemple, qui est grise ? Allons donc ! Le poisson est madré par ici, il lui faut sa mouche de saison ; si on le trompe seulement d'une nuance ou d'une aile, il ne fera pas plus attention à l'appât qu'à un livre de lecture tombé dans le torrent. » J'apprends aussi que Calacuccia reçoit chaque année quelques bandes de chasseurs qui vont chasser le mouflon sur les plus hautes pentes du mont Cinto. Les Anglais n'y manquent guère. L'an dernier, pour la première fois, vers la fin d'avril, on a vu arriver une caravane d'Allemands, armés de carabines, et coiffés de ce chapeau tyrolien, vert de mousse, au bord duquel tremble une plume qui fait la roue. La causerie se prolonge. Je demande quelques détails sur les Niolins : « Sont-ils travailleurs ? Que produisent ces terres penchées ? Ont-ils le goût des longs voyages, comme les capcorsiens qui font fortune aux Amériques ? » On nous sert une bouteille de vin, de vin du Niolo, m'assure-t-on. Et je refuse de croire que des grappes de raisin aient mûri à huit cent cinquante mètres d'altitude ; qu'elles aient donné, même en Corse, une liqueur qui brunit la bouteille et la double comme d'une reliure en veau plein. Mais je goûte, et je ne doute plus. Ce frontignan de Calacuccia n'est qu'une piquette colorée. J'en redemande en riant, pour être sûr. Il fait penser à tant de livres !

*
* *

Le lendemain matin, de bonne heure, nous remontons la vallée. Le temps s'est embelli. Je vois que les forêts vont venir, car les fougères couvrent déjà les pentes. Nous traversons une châtaigneraie. Un homme passe ; il marche d'un air dégagé ; il a le fusil à la bretelle ; il ressemble à une illustration de *Matteo Falcone* : mais c'est nous qui l'arrêtons, sur ma demande, et avec toutes les marques de déférence que conseille le désert. Je ne puis pas dire que nous le faisons sourire, ni qu'il atténue pour nous l'importance de son air : mais il répond. Je lui montre les milliers de châtaignes qui gisent au pied des arbres, bogues ouvertes, bogues fermées, une richesse.

— Pourquoi ne les ramasse-t-on pas ?

Il lève les épaules.

— Que voulez-vous ? ici on préfère à la culture les postes du gouvernement... c'est une idée.

— Mais vous n'avez pas même à cultiver : la récolte est par terre, vous n'avez qu'à la lever.

— Je sais bien ; les femmes pourraient la

faire. Une femme, dans sa journée, peut cueillir six doubles d'olives, — je vous parle d'olives parce que je suis des pays d'en bas, — elle a droit à un tiers, et cela lui fait cinq francs, à peu près. Mais on ne trouve pas toujours des cueilleuses. Elles disent : « Que le propriétaire donne la moitié, ou je ne travaille pas! » Le propriétaire dit : « J'aime mieux vendre mon arbre; l'impôt, les mauvaises années, la rapine, ne me laissent pas la plus petite rente. » Quand vous voyez tant de beau bois sain aux portes des usines, ne cherchez pas la cause : la voilà.

L'homme s'en va vers Calacuccia. Nous repartons. Je pense au marchand de marrons qui a établi son fourneau près de chez moi, à Paris. « O Joseph! fils authentique des Arvernes, et de qui la moindre parole atteste l'origine, commerçant très rusé qui avez une figure de tout repos, ne m'avez-vous pas dit, et répété, que, cette année, le marron était hors de prix? Et il se donne ici, Joseph, il se perd, il roule aux torrents! Associez-vous avec des collègues, frétez une tartane de Marseille, et venez en Corse, faire la récolte que des ingrats laissent périr! »

***

La solitude nous a repris. Sur la route qui est maintenant couverte d'aiguilles sèches, l'automobile monte sans bruit. Nous entendons le vent chanter dans les pins. Les deux bords du chemin sont garnis. Ce sont des pins Laricio, de l'espèce élancée, peu chargée de feuillage, peu barbue, toute à l'essor de sa pointe, et dont le tronc peut atteindre plus de trente mètres sous branche. Dans leur ombre et dans leur soleil, dans le parfum de leur résine, nous gravissons en lacets des pentes toujours égales. Les précipices ont une couleur d'océan vert, avec des reflets d'argent, qui galopent et qui plongent, quand le vent retrousse les aiguilles. Il fait froid. Nous apercevons, près des nuages, une épaule de montagne dénudée, où les tempêtes d'hiver et les coups des orages d'été n'ont laissé que des troncs d'arbres fendus. Nous l'atteignons. Nous sommes au col de Vergio, à 1.450 mètres d'altitude. Nous allons voir de l'autre côté. Oh! de l'autre côté, comme c'est beau! La forêt recommence, et elle descend, et elle remplit le paysage, mais elle va si loin, si loin, qu'elle apparaît toute bleue, entre six gros hêtres, les plus haut perchés, tout dorés par l'automne. Portes resplendissantes de la forêt d'Aïtone, j'ai deviné que nous entrions par vous dans un monde nouveau. La voiture coule sous les futaies. Des bouquets de hêtres se mêlent aux laricios. L'air s'attiédit. Quelque chose d'heureux sort de toute la campagne. Elle est déserte encore et ne semble plus sauvage. Nous traversons un village clair, Evisa, et je l'entends qui dit : « Restez! Pourquoi si vite? Quelles heures de flânerie je vous aurais données sur mes pentes au midi! » Nous sommes déjà loin, très bas, dans une crevasse de roches rouges.

— La *Spelunca*, me dit mon compagnon.

Sur ces murailles rapprochées, le soleil, par endroits, glisse en tentures de pourpre. La pente diminue, le torrent s'étale, et, tout à coup, la grande lumière nous est rendue, avec sa joie. Devant nous, l'embouchure boueuse et herbeuse du torrent, une ligne lointaine d'eucalyptus géants, une colline de pierre rouge, bien au milieu, coiffée d'une tour de guet, et, de chaque côté, à travers les feuillages, le regard vivant de la mer.

C'est le fond du golfe de Porto. Nous sommes tout près des célèbres calanques de Plana.

V

LE GOLFE DE PORTO — LES CALANQUES DE PIANA — CARGÈSE

La route qui longe à gauche le golfe de Porto, et qui s'élève à de grandes hauteurs, sans jamais couronner la montagne, est une route de joie pour les yeux. Ce golfe toujours présent, très bleu, désert et bordé de roches de porphyre, c'est la première merveille, et celle qu'on est venu voir. Elle éblouit. Calé entre des couvertures et des coussins, réchauffé par le soleil, louant les vertus de l'automobile qui fait l'ascension sans secousse et sans bruit, je regarde, avec une surprise qui dure, chaque détail de ce paysage épanoui, cette ceinture de pourpre vineuse au ras de la mer très calme, les ondulations qui viennent du large, et qui sont l'unique mouvement dans l'étendue, je regarde les eucalyptus à l'embouchure du torrent, loin déjà derrière nous, et la colline rocheuse qui pointe au milieu, et la tour de guet, qui paraît grosse comme un pois. Comme je vais regretter tout ce lointain ! Et cependant, près de nous, quelle autre magnificence ! Ce n'est que le maquis : mais il couvre les deux pentes de la route, celle qui tombe jusqu'au golfe, celle qui remonte jusqu'aux sommets de la montagne. Il est d'une épaisseur telle que le vent, qui le rebrousse, n'y creuse pas une caverne. Nulle part on ne devine la branche brune et tordue des arbustes. Les têtes seules luttent pour la lumière et pour l'espace, fleuries, luisantes ou sombres, l'une touchant l'autre, cimes des arbousiers, panaches des buis, des romarins ou des bruyères, que dominent des chênes verts espacés, bien ronds, bien drus dans le soleil et l'air libre. Les arbousiers surtout sont à l'heure magnifique. Ils portent leur grand pavois d'octobre, leurs grappes de baies et de fleurs mêlées. Et sur la route, où personne n'a passé avant nous, le vent a jeté, et le vent fait rouler des millions de ces clochettes pâles, et de ces fruits, rouges ou jaunes, qui ressemblent à des lanternes japonaises.

Nous sommes bien à cinq cents mètres au-dessus du golfe de Porto. L'odeur fraîche et puissante de la mer et des bois nous enveloppe. Le chemin va tourner et prendre le cap en travers.

— Voyez la Tête-de-chien! dit mon compagnon.

— Où donc?

— A droite, en avant, c'est l'entrée des Calanques.

*
* *

Une roche, nette sur le bleu du ciel, imite, en effet, de façon surprenante, une tête de chien grognon baissant l'oreille et défendant le défilé. Nous voici dans un paysage de falaises et d'aiguilles. La route se plie et passe entre ces blocs aigus qui la dominent de haut. Ils sont faits de lamelles verticales, soulevées aux temps anciens de la terre, et depuis lors écrêtés, forés, rongés, aiguisés, taillés à facettes vives par le vent, par la pluie et la foudre. Ils sont couleur de vieux rayons de cire, avec de grandes coulures orangées, qui tombent droit, égales jusqu'à la base. Je voudrais les voir plus rouges. J'aurais plaisir à jeter ici ce beau mot de pourpre, dont peuvent les enrichir sans doute ceux qui les aperçoivent du large. Non, cette pierraille audacieuse, pyramides, dolmens, obélisques, ces groins d'animaux, ces demi-tours éventrées qui se lèvent aux deux bords de la route, sont bruns seulement, d'une belle violence de ton, mais bruns. Nous allons à pied, amusés, étonnés, nous demandant si c'est là toute la richesse de ce passage célèbre. Un kilomètre de chemin environ, des détours, des niches creusées dans la roche, tout en haut, et où je cherche une statue de saint, et qui sont vides comme tant de cœurs; puis nous franchissons un contrefort dentelé qui coupe en deux le paysage, et je m'approche du parapet. L'abîme est magnifique. Du fond d'un gouffre, des falaises s'élèvent, laissant entre elles une étroite vallée, comme le lit d'un torrent desséché. Elles montent à pic, elles dessinent des enceintes, des bastions, des citadelles, deux châteaux forts en ruines plus grands qu'aucun de ceux qui furent bâtis de main d'homme, et dont la moindre pierre est d'un rouge foncé : c'est enfin la couleur dont je rêvais, celle du vieux bois de cerisier. Des éperons de roches éboulées encadrent le paysage. Quelques buissons de maquis, perdus dans ces éboulis, ont l'air de touffes de mousse. Nous voyons cela de très haut. Le vent du gouffre est ardent et mêlé de poussière, et l'étendue si vaste, au-dessous de nous, qu'ayant entendu les sonnailles d'un troupeau, je cherche inutilement, pendant plusieurs minutes, les chèvres et le chevrier du désert de porphyre.

Nous sortons des calanques, mais si la pierre change de couleur et de lignes, elle reste maîtresse du paysage nouveau, très large, onduleux et stérile. Elle affleure souvent au creux des collines, parmi les traînées d'herbes que nourrissent des sources muettes. Elle ne porte point assez de terre pour que les grands arbres vivent, et le froment qu'elle chauffe en dessous doit périr de sécheresse. Elle a des tavelures blanches et brunes, comme le ventre des cailles. C'est une pauvre roche. Mais il y a, dans la création, des arbustes, des buissons et des herbes de misère, des racines qui ne boivent que par hasard, des tiges qui vivent avec un air mourant, des fleurs, des fruits qui naissent d'un peu de poussière et de beaucoup de soleil. Ils sont là, ternis et parfumés par le long été. On voit, sur la croupe, sur les flancs des collines, des figuiers de Barbarie, plantés autour d'une petite vigne, des oliviers, des amandiers trapus, et des franges, et des houppes de graminées, et de maigres broussailles, qui sentent la lavande et le géranium. A droite, au loin, vers l'occident, la mer est admirablement bleue, autour des éperons blancs qui l'entament.

Nous pourrions nous croire sur les côtes de la Grèce ou de quelqu'une des îles de l'Archipel. Et il est vraisemblable que cette parenté des paysages fut une des raisons qui amenèrent, en cette région de la Corse, une colonie hellène.

Voici la petite ville, là-bas, au bord de la

mer. Deux églises la dominent, plantées sur deux tertres affrontés, à peu de distance de la plage. Toutes les deux sont catholiques, mais l'une du rite latin, et l'autre du rite grec. Elles s'entendent chanter les mêmes louanges, au même Dieu, sur des tons différents. Elles voient officier des prêtres dont les vêtements ne sont point pareils, mais qui professent la même foi et donnent l'exemple de la variété dans l'unité. La meilleure preuve, c'est que, dix minutes après notre arrivée à Cargèse, nous visitons les deux églises, accompagnés par le curé latin et par le curé grec. Les groupes d'hommes sont toujours nombreux, dans les petites cités méridionales, fidèles à l'agora et au forum. Nous interrogeons. Le don de repartie est commun parmi les Corses. Et les fragments d'histoire, peu à peu, se rejoignent et font un tout.

Ce Cargèse a onze cents habitants, dont trois cents environ d'origine grecque et de rite grec. Une dizaine de familles comprennent encore la langue maternelle, non d'Homère ou d'Aristophane, mais de Botzaris et de M. Papadiamantopoulos. Je m'approche d'un notable, — je le juge tel à sa gravité, — qui parle d'une voix mesurée, dans un groupe d'amis, et dont la barbe remue au vent de la mer et des mots.

— D'où êtes-vous venus, anciennement?

Sans s'émouvoir en apparence, ni hausser le ton :

— Nous sommes Spartiates, dit-il.

— Et en quelle année quittiez-vous la Grèce?

— Monsieur, nos parents nous ont raconté que ce fut en 1676.

L'œil seul exprimait, luisant à l'angle de la paupière, la parfaite conscience qu'on était noble et d'une race célèbre avant même la latine.

Ces Grecs sont venus de Sparte ou d'ailleurs, en faisant un détour. L'histoire va-t-elle jamais droit? Ils étaient huit cents. Ils fuyaient les Turcs, dont le voisinage fut toujours rude. Sur deux navires, dont l'un s'appelait le *Saint-Sauveur* et portait l'évêque Parthénios Calcandy, ils firent le voyage que tant de leurs ancêtres, tant de rhéteurs, de poètes, de marchands et tant de statues de marbre ou de bronze avaient fait avant eux. Ils vinrent vers l'occident latin, contournèrent l'Italie, et abordèrent en Corse, où ils s'établirent d'abord à Paomia. Ils y vécurent à peu près heureux pendant cinquante ans, puis des querelles de race, leur refus de se révolter contre les Génois, les obligèrent à quitter Paomia pour Ajaccio. Ils se trouvaient là lorsque l'île fut cédée à la France et M. de Marbeuf nommé gouverneur. M. de Marbeuf s'intéressa à la colonie. Avec les délégués de la nation, j'en suis convaincu, il chercha un territoire où les enfants émigrés de Lacédémone connussent enfin le repos. Je l'entends leur dire : « Choisissons une contrée peu habitée, qui vous rappellera la patrie, son sol pauvre et pierreux, mais où le laurier peut vivre et l'amandier aussi, son ciel lumineux, sa mer tout de suite bleue et profonde. » Ce fut Cargèse.

L'église grecque a de vieux bois peints, que mes guides d'un moment me montrent avec amour, en répétant : « Ceci a été apporté par nos ancêtres »; un saint Jean-Chrysostome, un saint Basile, un saint Grégoire-de-Nazianze, une Vierge entourée de saint Spiridion et de saint Nicolas, un saint Jean-Baptiste qui a deux ailes comme un ange... Je ne regarde pas sans émotion ces images transplantées et ces hommes qui n'ont pas tout à fait cessé de regretter Sparte.

Le soir, nous sommes à Ajaccio. Je revois la place du Diamant, et les groupes nombreux des buveurs d'air, et le golfe qui est tout transparent, comme si la nacre de ses coquillages l'éclairait en dessous. Nous devons, demain matin, partir pour le sud de l'île, pour Sartène et Bonifacio.

VI

D'AJACCIO A SARTÈNE — LA POINTE DE SILEX — L'ARRIVÉE A BONIFACIO

La route d'Ajaccio à Sartène, après les vergers qui enveloppent la ville, est tout maquis et tout parfum. Elle n'atteint pas de grandes hauteurs. On franchit seulement, sans s'élever à plus de sept ou huit cents mètres, une suite de contreforts, orientés du nord-est au sud-ouest, et qui tombent dans la mer. La carte n'indique presque aucune forêt. Je crois qu'il existe des villages, et que nous en avons traversé un petit nombre. J'ai encore, dans la mémoire des yeux, et si nette que je la dessinerais, l'image d'une auberge borgne, au sommet d'un mamelon sans un arbre, sans un sentier apparent, et d'une jeune femme, debout sur le seuil, qui faisait de la main le geste d'un oiseau qui s'envole et qui plane : « Bon voyage ! Comme vous allez vite ! Êtes-vous drôle ! » tandis que l'homme, assis près d'elle, son fusil posé en travers, sur les genoux, crachait à terre par deux fois, pour montrer son dédain. Je me souviens que nous avons croisé quelques charrettes étroites, chargées de châtaignes. Mon compagnon me promettait de me donner la recette du *castagnaccio* qui est une galette, et des *fritelle*, qui sont des beignets de farine de marrons. Le paysan nous laissait passer, sans interrompre sa méditation sombre, et mettait son orgueil à ne pas lever les paupières. Mais, le plus souvent, nous montions et descendions des pentes désertes. Je vous souhaite de voir ces vallées incultes, où les lignes du sol n'étant jamais rompues, ni par une maison, ni par un arbre, on connaît d'un regard tout le relief de la terre. C'est une harmonie qui étonne nos yeux déshabitués. Vallées infiniment précieuses, qui ont l'air de n'être à personne. La plus belle, je crois, est celle qu'on découvre du haut du col de Saint-Georges. Elle est profonde, elle est si vaste que les montagnes qui font cercle autour d'elle finissent par être bleues, mais sa couleur dominante, elle la tient du buis et de l'arbousier, feuilles qui se marient bien, feuilles d'un vert marin, qui ont un or secret que n'a jamais le laurier, et qui servent comme lui de raquette au soleil. Joie de regarder l'ample coupe où l'homme n'a rien bâti, rien taillé ni ruiné, joie de suivre jusqu'à l'horizon ces longs reflets en écharpes, et pareils à ceux des fourrures, et que ne vient pas briser, comme dans les forêts vues de haut, le moutonnement des cimes inégales? Le maquis est un souple vêtement... Ah! que font-ils? Je ne les avais pas aperçus d'abord. C'est la fumée qui les a trahis. Maintenant, c'est la flamme. Ils sont là, deux hommes, à la lisière d'un bosquet merveilleux d'arbousiers et d'yeuses, à cent mètres au-dessous de la route. L'un deux courbe les branches, les casse, les jette sur le brasier que l'autre attise avec un pieu. Déjà le feu a pris. Il s'oriente. Les grandes chenilles rouges courent sur le sol, grimpent au tronc des arbustes, saisissent la tête encore verte qui flambe d'un seul coup, et qui retombe en étincelles. Ce soir, combien d'hectares de maquis seront consumés? L'incendie ne va-t-il pas gagner toute la vallée? Qu'importe à ces bergers, s'ils détruisent le bien communal ou celui de leur voisin? Dans trois mois, quand la cendre aura pénétré la terre, les chèvres trouveront des brins d'herbe frais, entre les racines calcinées du maquis.

Nous arrivons à Olmetto, village qui fut réputé, jadis, pour ses bandits. Depuis que les bandits ont disparu, il passe simplement pour un chef-lieu où les passions politiques sont violentes, et les mœurs électorales sans aménité. Heureusement, on ne vote pas ce matin. Des groupes d'électeurs, debout sous les arbres, au bord de la route, méditent quelque trait du passé ou de l'histoire future. Les physionomies sont graves. Nous faisons arrêter la voiture. Les yeux luisants nous regardent tous, et quelques-uns, je suppose, voudraient bien, sur nos visages, lire nos noms, notre itinéraire, et savoir si la poussière de notre automobile appartient à un parti. Mon ami demande, en patois, s'il n'y aurait pas, dans le village, quelque perdreau : Olmeto ne manque pas de fins chasseurs. Aussitôt les yeux s'adoucissent; ils sourient, presque tous. Un bel homme, à barbiche blanche relevée en proue, ancien soldat du temps qu'on l'était tout entier, fait même deux pas vers nous, et parle. Il s'exprime bien, en habitué des cercles qui l'écoutent.

— Non, monsieur, des perdreaux, vous n'en trouverez pas. Et les merles noirs sont bien arrivés, mais nous ne les chassons pas encore. On les a vus dans la montagne, tout là-haut. Un beau passage, paraît-il! A quoi bon courir après eux? Aux premiers froids, ces jolis cœurs vont descendre d'un étage, puis de deux; ils vont descendre jusque dans les olivettes, et alors!..

Le vieux barbichon fit mine d'épauler. Le geste était rapide et sûr. Il mit de la gaieté dans le groupe qui s'approcha. Le moteur tournait à vide : nous causâmes de même, dix bonnes minutes, et j'eus le sentiment, quand nous partîmes, que nous aurions pu faire, à Olmeto, un séjour enchanté ; trouver des compagnons pour la chasse aux merles ; être admis à nous promener le soir, parmi les causeurs graves et passionnés qui regardent la mer.

Car la mer est toute proche. Oh! la jolie descente! Figurez-vous une pente très raide, orientée en plein midi, et dès le matin ensoleillée, une route en lacet, des oliviers qui poussent là magnifiques, et, entre leurs branches, tout en bas, la longue lumière bleue du golfe de Propriano. Plusieurs goélettes sont à l'ancre. Il n'y a pas une ride autour d'elles. Les feuilles font une broderie d'argent sur le ciel et sur l'eau. J'ai regret de la vitesse. Je voudrais être à cheval, m'arrêter à chaque tournant de la route, et me pénétrer de ce sourire fugitif de la Corse sauvage.

Dès qu'on a franchi la plage, le marais, la rue du petit port, toute cette joie diminue, la mer s'éloigne, la terre âpre et peu vêtue recommence à monter. Le paysage est tout à fait sévère quand on arrive en face de Sartène. La ville est haut perchée, aux deux tiers d'une montagne, et ses maisons de granit, carrées, serrées les unes contre les autres, rappellent les vieilles cités italiennes qui ne vivent point encore de l'étranger. Quelques vergers coupés de murs l'enveloppent en bas. Mais au-dessus d'elle, la croupe de la montagne n'a point de végétation. Ce sont des pentes régulières, mêlées de lande et de pierraille, où sèchent des lessives blanches, où se lèvent des tombeaux en forme de chapelles. Et tout l'immense paysage n'est que de montagnes pareilles, à double et triple rang, désertes semble-t-il, pauvres certainement, et qui donnent à Sartène une importance extrême, un air de ville féodale, dominatrice de campagnes peu sûres, où s'enfoncent des sentiers.

*
* *

J'aurais voulu séjourner là, étudier cette région où se sont conservées les mœurs les plus anciennes, les caractères les plus rudes et probablement les plus chevaleresques de l'île. Que reste-t-il de ces strictes coutumes qui réglaient si sévèrement la durée des deuils, et écartaient les proches parents du mort, presque entièrement, de la société des vivants ? Où sont les dernières pleureuses, et dans quelles bourgades des montagnes, là-bas, peut-on entendre le *vocero* qui rappelle les traditions les plus lointaines de la Grèce, ou la berceuse qu'improvise une mère : « O ma chère petite, ma Ninnina, quand vous naquîtes, nous vous portâmes au baptême. Le soleil fut le parrain et la lune la marraine. Les étoiles qui étaient au ciel avaient mis leurs colliers d'or... » Quelle est la vie, quel est le roman de ces hommes qui discutent là, sur la place Porta, devant le café des Amis, devant la vieille bâtisse où le mot « mairie » est peint sur le fond vert d'eau, et qui ne sont, en politique, de si grands passionnés, que parce qu'ils sont la passion même, en toute chose ? S'il y avait un instrument pour mesurer la passion dans la voix comme il y en a pour peser l'alcool du vin, il frémirait en ce moment et s'affolerait, car un de ces causeurs municipaux, comme s'il s'éveillait d'un songe, vient de crier à son fils et d'un accent tragique, avec d'admirables modulations et trémolos :

« Pier Angelo, cours chercher la mule, amène-la sur la place où j'ai encore des affaires à traiter! Va! Va! » Je pense au merveilleux intérêt qu'aurait le roman, difficile à composer, d'une famille de bergers dans la montagne de Sartène, et aux jolies études qu'un romancier pourrait écrire sur la vie de château en Corse. Nous avons fait quelques visites, le long de la route, avant-hier, hier, aujourd'hui. Les châteaux n'étaient que de grands logis, au-dessus des châtaigneraies. Ils n'avaient que de maigres jardins désséchés par le vent. Mais à quoi bon? Les vallons par douzaines, les lambeaux de forêts, les jachères, descendaient tout au tour et formaient le domaine immense de leurs yeux.

Il faut repartir. Je voudrais déjà revenir. Dans une rue, je suis présenté à un homme érudit et très fin, qui aime chacune des pierres de la Corse.

— Vous allez à Bonifacio? me dit-il. Ville étrange et étrangère. Vous serez en pays génois. Rien qu'à la traverser et à l'écouter vivre, on sent qu'elle était très civilisée, quand le reste de la Corse appartenait aux gardeurs

13.

de chèvres et de pourceaux. Là, point de vendetta, point de dispute violente, mais la prudence, l'astuce et le coup d'œil de côté. Ils travaillent plus que nous; ils sont plus riches. Mais je les aime moins que les gueux batailleurs et sombres de ma Sartène. Monsieur, je vous souhaite de voir la lumière du matin sur les murs de Bonifacio!

Nous redescendons les pentes des montagnes, et nous courons vers le sud. Mon compagnon de voyage me fait remarquer les plaques de fonte que l'administration des ponts et chaussées place au carrefour des routes. J'avais bien vu, même avant Olmeto, qu'elles étaient percées comme des écumoires, si bien que les noms, les flèches indicatrices, les chiffres, n'existaient plus qu'à l'état fragmentaire. Ici, elles sont réduites au minimum. La hampe est encore droite, au bord du chemin, mais elle ne porte plus qu'un petit filet de fonte, un petit triangle nu, pareil à une girouette. Quelquefois le poteau seul a survécu.

— Ce sont les cibles du pays. Qu'on remplace les plaques : dans un mois vous aurez l'écumoire, et dans deux le petit balai. La passion du tir est générale, et l'adresse est commune.

— Il y paraît.

— Même les femmes savent se servir d'une carabine.

— A preuve, monsieur, dit le chauffeur, qui se détourne et parle pour la première fois depuis Bastia, que la fille du boulanger de X..., l'autre jour, a tué un coq, à balle, au haut d'un mât de cocagne. Et il y avait bien cinquante mètres.

La route s'abaisse graduellement. Elle touche la mer, s'en écarte, revient vers elle, et, de ce côté, nous voyons de hautes roches, forées, sculptées, dont la plus belle, qui se nomme « Le Lion couronné de Roccapina », commande des criques désertes et des ponts inutiles. L'altitude diminue encore. Nous entrons dans la pointe triangulaire de l'île, que j'appelle la pointe de silex, parce qu'elle ressemble aux pierres éclatées des flèches primitives : mêmes nervures inégales, mêmes cuves peu profondes qui se succèdent, mêmes bords déchirés. Pas un arbre sur ce plateau incliné que dore le soleil couchant, pas une maison, pas une ruine, pas une ombre qui souligne un relief. Dans les creux, une herbe courte, et quelques touffes d'un arbuste nain, écrasé, couleur de poussière. Une fille à califourchon sur un cheval, les talons et les mollets nus, la tête couverte d'un mouchoir rose, trotte devant nous. Au passage, nous lui demandons : « Quelle distance, jusqu'à la ville? » Plutôt que de répondre, elle lance son cheval au galop à travers le désert de pierre. On n'aperçoit pas encore Bonifacio. Mais au sud, dans la clarté de la mer, cette longue dentelure mauve, c'est la Sardaigne. Je vois luire faiblement l'arête des falaises et la pente des montagnes. Le terrible détroit n'a pas une ride. De longues traînées lilas, d'autres qui sont d'argent, et qui se déplacent et qui se mêlent, disent seules que les courants font le travail commandé. Bientôt, du sommet d'un petit renflement, nous découvrons, à gauche, à l'extrémité des terres, trois sillons, trois mottes séparées par de profondes cassures, et sur lesquelles se profilent, en lumière plus ardente, des tours, des carrés de murs, et de larges rubans clairs, qui tombent comme des algues et qui doivent être des remparts. Le soleil décline. Nous allons à toute vitesse dans le désert. Un moment le chemin s'enfonce et tourne dans un ravin, plein d'ombre jusqu'au bord, plein d'air humide et d'oliviers géants que les tempêtes ne peuvent atteindre. Nous sortons des demi-ténèbres ; nous avançons encore un peu, et tout à coup, nous sommes à l'extrémité d'un fjord d'eau très bleue. Une énorme falaise, toute jaune, se lève à droite, une autre à gauche, plus haute encore, et sur celle-ci, qui nous cache la mer, une ville forte, drapée d'anciennes murailles, et n'ayant plus, dans le soleil, que la crête de ses maisons blanches.

VII

LES QUATRE BEAUTÉS DE LA CORSE

La Corse est une île à laquelle on distribue des épithètes et des places. Ni les unes ni les autres ne peuvent la faire vivre. Et ce sont peut-être les places qui lui profitent le moins, car la provende divise les hommes, elle diminue leur fierté, elle les dissémine à travers le continent. Les non-pourvus, ceux qui n'ont pu être ni douaniers, ni gendarmes, ni buralistes, ni gardiens de prison, ceux encore qui n'ont rien demandé, — il y en a, — habitent quelques petites villes et beaucoup de petits villages. La campagne est à peu près inculte ; la moisson ne compte pas : de quoi vivent-ils ? C'est leur secret. Je les ai vus cueillir l'olive et la châtaigne ; ils restent maigres ; ils dépensent en politique un beau goût d'aventure, en querelles locales un courage ombrageux ; ils n'aiment au fond que la Corse, que la très pauvre Corse.

Je veux les louer, au moins, pour leur amour. Il n'y a pas que la vie intense : il y a les belles îles. J'ai parcouru la Corse presque tout entière et en tous sens, et j'ai éprouvé vingt fois le sentiment que connaissent bien ceux qui ont voyagé ; je me suis dit : « Si j'étais né ici ou là-bas, sur cette terre que je foule, comme je l'aimerais ! Comme je la préférerais ardemment ! Comme je voudrais y revenir ! » J'y suis revenu, moi qui n'ai pas vu ses montagnes et sa mer avec des yeux d'enfant, à l'heure jeune où le paysage qu'on aperçoit de la porte, et celui qu'on découvre par la lucarne du toit, font partie de notre âme, et deviennent comme un frère et comme une sœur. Et j'ai cherché, depuis, la raison de cet attrait puissant, de ce pouvoir de regret qu'elle exerce sur nous. Les guides n'expliquent pas ces choses-là. Ils énumèrent les « curiosités » de l'île, ses défilés de Santa-Regina et de l'Inseca, ses rochers sculptés, ses monuments médiocres, et ils citent des pages admirables, qui furent écrites en l'honneur des calanques de Piana, roches de porphyre battues par la mer bleue. Je crois qu'un homme de goût aurait tort de négliger leurs indications. Il y a plaisir et quelquefois un plaisir vif à voir les singularités du monde. Mais la beauté de la Corse n'est pas dans ces raretés. Elle est faite d'éléments plus communs, elle est presque partout présente. Quand je rappelle à moi toutes ces images qui sont dans le souvenir, obéissantes, et qui accourent, les unes ayant un nom, les autres n'en ayant pas, mais toutes si joyeuses de revivre et si nettes de couleur, elles se rassemblent d'elles-mêmes, par groupes, et laissent voir leur parenté. La Corse est belle, d'une beauté noble et durable, par son maquis, par ses forêts et principalement par celles du centre et du sud, par les deux extrémités de la Tortue, le cap Corse et la pointe de Bonifacio, et par la qualité de la lumière où toute l'île est baignée.

Le maquis c'est la végétation naturelle de la terre inculte, son vêtement souple et parfumé. Napoléon, qu'il faut toujours citer quand on

parle de la Corse, disait à Sainte-Hélène :
« Tout y est meilleur. Il n'est pas jusqu'à
l'odeur du sol même ; elle m'eût suffi pour le
deviner, les yeux fermés ; je ne l'ai retrouvée
nulle part. » La phrase exprime une vérité,
comme tant d'autres phrases de poète. Rappelez-vous le parfum des buis et des romarins
coupés, qui flotte autour du parvis des églises,
le dimanche des Rameaux? Là-bas, il emplit les
vallées, il se lève tout le jour, toute la nuit et
toute l'année sur les pentes des montagnes.
Quand il est jeune, c'est-à-dire d'une sève ou de
deux, le maquis ressemble à la lande. Il a,
comme elle, des clairières par milliers, et de
l'herbe, et de l'air entre ses touffes. Le vieux
maquis ne ressemble qu'à lui-même. Il est fait
de deux éléments et de deux étages, d'arbustes
faiseurs d'ombre et de fleurs protégées. La plupart des arbustes ne perdent pas leurs feuilles,
et n'ont peur ni du vent, ni du chaud. Ils vivent
enchevêtrés, serrés, luttant pour amener chacun, à la lumière, son balai, sa gerbe ou
sa tête ronde. Ils se nomment : olivier sauvage, myrte, chêne vert, arbousier, lentisque,
bruyère, genévrier, romarin et laurier. En des-

sous fleurissent, selon les saisons, la jacinthe et les campanules, la sauge, le thym, le cyclamen rose, la lavande, les orchidées, d'innombrables crucifères, qui mêlent le goût de leur miel au parfum résineux et constant des grands végétaux surchauffés. Là encore, les chèvres font quelques sentiers, en broutant à la file et se battant pour passer. Mais, lorsqu'elles n'ont pas, depuis un an ou deux, traversé les fourrés, ils sont d'une seule masse. Tout a des griffes dans le maquis. On peut s'y glisser en se courbant; mais s'en aller debout, la poitrine tendue, comme dans nos bois, faisant plier les branches, il n'y faut pas songer. Des montagnes entières sont vêtues de maquis; il couvrirait la moitié de l'île, et les forêts couvriraient l'autre, si les bergers incendiaires ne le détruisaient, pour que, de sa cendre, il naisse un peu d'herbe. Vu de haut, et par larges nappes, il est doux pour les yeux, plus égal que le taillis, presque autant qu'une moisson d'avoine ou de seigle, et sa verdure foncée, durable et nuancée, se plie jusqu'à l'horizon à tout caprice du sol. Sur les lisières, c'est, en tout temps, une folie de fleurs maîtresses de l'espace. Et quand on entre! Je suis entré plus d'une fois dans le maquis, pour surprendre son silence et sa vie. Il est dix heures du matin. La route en corniche, très haut au-dessus de la mer, tourne, et ses cailloux sont éclatants, comme l'écume que tordent en bas les courants. Le vent siffle aux pointes des épines et des roches. Il n'y a pas une maison en vue, pas un passant. Je grimpe sur la pente très raide, et difficilement, plié en deux, je passe entre deux arbousiers, puis au milieu d'une gerbe de laurier-tin : j'évite des chênes verts, écrasés contre la montagne et dont les racines retiennent vingt pierres d'éboulis, et quand j'ai fait une trentaine de mètres en rampant, je découvre une caverne verte, un tout petit pré incliné, de quoi s'étendre, au-dessus duquel les branches se rejoignent. C'est un enchantement. Une fraîcheur coule sous la voûte du maquis; une brume fine gonfle les mousses et mouille les racines des arbustes, dont toutes les pointes sont chaudes de soleil; il ne tombe sur l'herbe que de menues étoiles de jour; le silence est prodigieux; je n'entends ni la mer, ni le vent, et les hommes sont loin. Aucun repos n'est

comparable à celui-là. On est dans la vague
d'encens que le vent n'a pas encore touchée et
qu'on respire le premier. Les insectes ne
chantent pas. J'aperçois un merle noir qui, de
perchoir en perchoir, le cou tendu, coule dans
l'épaisseur du maquis. Je reste jusqu'à ce que
tout mon sang ait bu cette fraîcheur et ce
calme. Et je pense qu'au dehors, à deux mètres
au-dessus de moi, c'est la lumière ardente, la
vie, ce peu de bruit que le vent charrie toujours,
même dans les solitudes, une de ces matinées
limpides que les bergers de Corse, parfois,
appellent d'un si beau nom qui eût ravi Racine :
una mattinata latina.

Quelle que soit la saison, allez voir le
maquis ; celui qui aura rêvé une heure dans le
maquis aimera la Corse à tout jamais : allez
voir aussi la forêt. Elle est plantée sur un sol
de montagnes sans paliers, tout en pentes
longues ou brèves, où les belles coupoles elles-
mêmes sont rares, et les arêtes innombrables.
Presque tous les arbres de la France continen-

tale y ont leurs cantonnements : le hêtre avec ses éventails si promptement dorés, le chêne, l'orme, le frêne, le châtaignier, hélas ! qu'on abat et qu'on distille : mais la Corse a, de plus, le pin Laricio, qui est presque son bien propre, un pin très élancé, non pas engoncé dans ses feuilles, comme plusieurs autres de la famille, mais ajouré, décidé, couronné d'un bouquet d'aiguilles et fin chanteur dans le vent. Je ne connais pas d'ombre plus lumineuse que la sienne. Il laisse tomber ses basses branches assez jeune, et, meilleur que les hommes, il est alors tout en cime. Je vous assure que ce n'est pas du temps perdu, la visite que l'on fait aux futaies de pin Laricio.

D'ordinaire, on ne parcourt guère que les forêts de Vizzavona et de Cervello, entretenues comme un parc, et que l'on gagne aisément d'Ajaccio, en quelques heures de chemin de fer. Je préfère les forêts plus méridionales, le massif immense et tout à fait sauvage qui commence à la mer orientale, près de Solenzara, monte au col de Bavella, couvre bientôt de sa marée verte toutes les vallées, toutes les cimes, souvent à de grandes altitudes, et se déverse en larges fleuves, sur les pentes ardentes, en vue de la Sardaigne. Ah! la belle lumière, dont les ravins sont chauds jusqu'au fond! La belle fuite de feuillages qui se fondent, qui ne sont plus que des formes larges, et qui prennent le mouvement et le reflet de la mer! Les belles escalades de roches grises par les laricios ébranchés, éclatés, mais vainqueurs, et qui plantent leur panache sur les dernières cimes! Paysages sans maisons, sans culture, sans oiseaux même. A peine, le matin ou le soir, quelques ramiers éperdus, venant de France, gagnant l'Afrique, et cherchant l'arbre très sûr, pour la halte. Cependant, en octobre, j'ai rencontré là des émigrants qui avaient passé la saison chaude dans les montagnes, et qui descendaient vers la côte. La carriole ou la charrette était chargée à rompre de meubles, de matelas, de sacs de provisions, de cages à poules faisant pyramide au-dessus de l'essieu ; en arrière la femme était assise avec les enfants, tous les petits pieds ballants, et sur le brancard, à l'avant, l'homme tenait les guides. Ils descendaient par la route étroite, bordée d'un ravin à gauche et d'un talus à droite, où nous montions à l'allure souple et silencieuse d'une automobile, c'est-à-dire d'un monstre à peu près inconnu dans ces régions. Et tout à coup, à cent mètres entre les troncs d'arbres, à beaucoup moins quelquefois, nous nous apercevions les uns les autres. Alors l'homme sautait à terre, courait à la tête du cheval qu'il arrêtait brutalement, et se précipitait vers nous, brandissant un fusil et criant : « N'avancez pas! N'avancez pas! » Déjà nous étions immobiles, freinés. Mais en même temps que le mari, la femme, prise de la même terreur, avait sauté de la voiture; elle empoignait deux, trois, quatre enfants, qu'elle lançait au hasard, stupéfaits et hurlants, sur le talus; elle commençait même à décharger les objets les plus précieux; elle excitait l'homme au fusil qui levait le bras encore plus haut : « Défends-nous, Antonio! Ils vont nous écraser! Marche contre eux! Défends-nous! » Heureusement le propriétaire de l'automobile, Corse authentique et bien élevé, parlementait; il expliquait, dans un patois adouci, que nous passerions sans toucher la roue; qu'il n'y aurait aucun dommage; que nous ne ferions même ni bruit ni fumée.

Les visages, aux deux bouts de la charrette, restaient tendus et terribles. Avec lenteur nous nous remettions en marche, et, quand le cap avait été doublé, nous faisions encore une pause pour achever la palabre : « Vous voyez, ces machines sont comme les gros chiens, pas méchantes du tout. Rassurez-vous... Tenez, la petite fille rit déjà ! » Souvent, nous n'obtenions rien. D'autres fois, la figure de l'homme s'éclairait d'un sourire, l'œil noir luisait, nous échangions des mots de vieille courtoisie : « *Buona sera! Buon viaggio!* »

L'instant d'après, nous étions dans le désert, au plus haut du col, plus haut que les plus hauts arbres de la pente. A nos pieds, les vallées s'approfondissaient par étages, sans une route et sans une coupure, dans la parfaite lumière ; elles fuyaient, se divisaient contre l'éperon d'autres montagnes boisées, et se relevaient dans le bleu des lointains, sans perdre, même un peu, la finesse de leurs lignes.

Si vous allez un jour jusqu'à ces forêts, continuez votre voyage vers le sud, descendez à travers les pierres chaudes, les herbes jaunes, les chênes lièges tondus jusqu'au sang, et ne vous lassez pas de la longueur du désert qui vient ensuite : Bonifacio est au bout. Les villes dont on se souvient ne sont pas rares en Corse : celui qui a vu Ajaccio et son golfe, a vu une tache blanche dans l'un des plus beaux miroirs à montagnes qu'il y ait par le monde ; celui qui a vu Bastia a vu une jolie fille du Midi, coquette, qui monte de la marina avec une corbeille de fruits sur la tête ; celui qui a vu Sartène a vu, presque vivant, le Moyen âge italien ; celui qui a vu Cargèse, dans sa couronne d'oliviers et de figuiers épineux, a mis le pied sur le sol de la Grèce ; mais celui qui a vu Bonifacio a vu une merveille. Quand j'aurai dit que la ville est bâtie sur un plateau calcaire, sur une presqu'île étroite, à pic, parallèle à la côte, et que la mer, qui la contourne, forme derrière elle un port naturel, invisible du large, long et profond comme un petit fjord, je n'aurai pas expliqué l'émotion qu'elle excite. Bonifacio n'a pas un arbre. Il y a de vieilles murailles, draperies inégales, qui pendent au-dessus du port, s'attachent à la falaise d'orient, se relient à la falaise d'occident ; il y a de hautes maisons agglutinées, d'où s'échappent plusieurs moulins en ruine, une tour ajourée et un clocher qui ne l'est pas. Tout cela fait une ville pittoresque et déjà souhaitable. Mais la beauté lui vient d'un double voisinage, du reflet où elle vit, entre un désert de pierre qui la précède, l'enveloppe, la crible de rayons, et le détroit d'entre Corse et Sardaigne, qu'elle domine et qui l'assaille aussi de sa lumière. Cette vieille cité génoise est encore une citadelle commandante, le seul asile, parmi les dangers de la terre et de la mer. Son paysage l'exalte. Du côté de la terre, vingt kilomètres de rocailles qui s'abaissent lentement vers elle, des étendues ravagées par la malaria et où l'herbe, avant la fin du printemps, se dessèche et prend la nuance de la roche qui la tue ; de l'autre côté, la mer, non pas libre, mais contrainte entre deux îles énormes et plusieurs petites, la mer inquiétante même au calme, divisée en courants dont on voit les sillages parallèles, pâles sur les eaux violettes. Par elle comme par le désert pierreux, l'atmosphère de Bonifacio est saturée de lumière. La tour des Templiers, les façades de bien des maisons, sont devenues, comme dans les contes de fées, couleur du soleil. Et tout au loin, les montagnes de Sardaigne s'en vont, en si larges festons, se perdre dans la brume! Je les ai vues, le matin, d'un mauve infiniment léger, et j'ai vu leurs arêtes, le soir, éclatantes comme des glaïeuls rouges.

Presque tout vient ainsi de la mer à Bonifacio : sa couleur, sa nourriture, son peuple et sa légende. C'est un pays où il faudrait s'arrêter un peu et écouter. Je suis sûr que, dans la mémoire des anciens, il y a plusieurs histoires comme celle-ci que j'ai entendu conter. Une grande princesse revenait de Terre-Sainte. Comme elle traversait le détroit, son navire fut pris dans une tempête si terrible que tout le monde se crut perdu : les passagers, l'équipage, même le capitaine. Dans cette extrémité, elle fit vœu, si elle était sauvée, de donner, à la ville où elle aborderait, le fragment de la vraie Croix qu'elle apportait de Jérusalem. Elle aborda à Bonifacio. Les Bonifaciens se réjouirent de posséder une relique aussi vénérable que celle que la princesse leur donna; ils l'enchâssèrent dans l'or et dans l'argent, et l'honorèrent de leur mieux. Mais ce ne fut pas pour longtemps. Les pirates de Barbarie, qui venaient si souvent ravager les côtes de la Corse, s'emparèrent de la ville par surprise, et coururent droit au trésor de la cathédrale. Puis, quand ils se retirèrent avec leur butin, vers le golfe de Santa-Manza où étaient restés leurs vaisseaux, ils jetèrent le bois de la vraie Croix dans la fontaine de Saint-Jean, et gardèrent seulement l'or et les pierreries du reliquaire. La fontaine de Saint-Jean est sur le bord du chemin. Le premier habitant qui se hasarda dehors, après le départ des bandits, s'en alla justement de ce côté, monté sur son âne, selon l'usage. La chaleur était grande. Arrivé près de la fontaine, il pensa que la bête avait soif, et tira sur la bride. L'âne tourna bien, fit quelques pas, mais, au milieu de la route il s'arrêta, puis se mit à genoux. Le bonhomme donna de la voix, du talon, de la houssine. « C'est singulier! songea-t-il enfin, si j'allais voir? » Il s'avança, pencha la tête, et aperçut un fragment de bois qu'il reconnut. Aussitôt il retourna pour avertir ses amis du prodige. Et l'on vit tous les habitants sortir de la forteresse, descendre les escaliers pavés, en grande hâte, chacun sur le dos de son âne, et trottiner vers la fontaine de Saint-Jean. Mais quand ils furent rendus à quelque distance, les bêtes refusèrent d'avancer, comme avait fait la première, et, témoignant la même crainte, elles se mirent à genoux, sur la route et dans les champs, par quoi l'on comprit que la relique était là, et qu'elle était bien celle que les pirates de Barbarie avaient enlevée.

Je vous souhaite encore de faire le tour du cap Corse. Il y faut deux jours de voiture. J'en mettrais quatre si j'avais à recommencer la promenade. Ce chaînon de montagne qui s'avance à plus de quarante kilomètres dans la mer, ressemble assez à un navire échoué, qui aurait, du côté de l'ouest, toute sa coque dehors, tandis que, de l'autre côté le pont toucherait l'eau. Toute la falaise occidentale

est à pic et très élevée. Cela se termine au nord
par un bouquet de vallées divergentes, écrasées, taillées dans le même bloc de rocher,
terriblement sauvages et nues, qui regardent
la France. Le cap est un royaume dans la
grande île. Presque tous ses villages appartiennent au soleil et au vent, et les bois n'y poussent guère, si ce n'est dans les cuves profondes, pleines alors d'oliviers et de maquis,
comme celle de l'admirable Rogliano. Il a des
routes en corniche, tracées à quatre cents
mètres au-dessus de la Méditerranée, et il a
des marines minuscules, où les goémons
s'accrochent et pendent aux murailles des maisons ; il cultive les meilleurs cédrats du monde
et quelques vignes qui donnent un vin brûlé ;
il devrait être la plus pauvre partie de la
Corse, et il en est la plus riche, car les Capcorsiens, depuis des siècles, font le voyage de
l'Amérique du sud. Ils sont marins, colons,
marchands ; ils amassent une fortune, quelquefois, des millions, et souvent ils reviennent au pays, bâtissent une villa près de
Rogliano, de Pino, de Morsiglia, et font élever
un tombeau somptueux, pour leurs parents

et pour eux-mêmes, à l'entrée des villages. Les chapelles de marbre sont nombreuses au bord des routes.

En vérité, celui qui traverserait le Cap, d'un versant à l'autre, celui qui vivrait plusieurs semaines parmi les pêcheurs et les « Américains » de là-bas, connaîtrait de belles histoires. Il garderait, dans la mémoire de ses yeux, des images précieuses. Je revois les vallées qui terminent le Cap vers le sud. Elles montent par étages, de Saint-Florent au col de Teghime. Aucun paysage de Sicile n'est digne de plus d'amour. Elles montent; ce sont des cultures sans haies ni sentiers, des prairies, des jachères, un sol noir d'où s'élève un peu de brume toujours, puis de très vieux oliviers, clairsemés, autour desquels, depuis des siècles, la lumière, le vent, les hommes ont voyagé, troncs éclatés, branches aux coudes imprévus, mais verdure transparente à travers laquelle on aperçoit une maison, des chèvres, un berger : et bientôt toute la mer où il n'y a point de voiles.

VOYAGE AU SPITZBERG

I

EN ROUTE POUR LE SPITZBERG

On y va bourgeoisement, confortablement, joyeusement. Cent quatre-vingt-quatre personnes ont quitté Dunkerque, à bord de l'*Ile-de-France*, sans parler des matelots, qui ne comptent pas parmi les touristes. Elles ont, chaque matin, leur croissant frais avec leur chocolat accoutumé, leur café ou leur thé ; elles ont leur table de bridge ; elles ont, pour se reposer du jeu et des repas, le paysage qui change à chaque moment, ou la conversation qui varie moins, celle du monde, celle de tous les soirs. C'est un coin de Paris en voyage. Il s'y mêle quelques étrangers, plusieurs savants, un explorateur. Les chasseurs sont en nombre parmi les passagers, les photographes également.

Dès le début du voyage, en pleine mer, avant qu'il y ait eu même un prétexte à déclanchement ou à coup de fusil, leur passion éclate. Un gros monsieur, qui se dit de Paris, et qui peut-être y a passé, interpelle furieusement un gros maître d'hôtel, qui n'a d'autre responsabilité, dans l'affaire, que celle d'être en vue, et de ne pas porter le smoking :

— Je vous dis, garçon, que je veux qu'on l'ouvre, cette chambre noire ! Elle est sur le programme : elle doit être à la disposition de chacun de nous, avant même qu'il ait l'occasion de s'en servir !

— Mais, monsieur, cela dépend d'un autre que moi !

— Trouvez cet autre !

Les chasseurs sont encore plus ardents. J'entends parler de carabines à double détente, de fusils à trois coups, de fusées pour faire sortir le renard bleu de son terrier, des moyens de parer l'attaque du morse : « Une hache qu'on porte à la ceinture, monsieur, et qui sert à abattre les défenses de l'animal, s'il vient s'accrocher aux embarcations. » Les moins baleiniers d'entre nous racontent, d'un air déçu, l'épisode des bains de mer, la rencontre au large de Trouville : « C'était un simple souffleur ! » Et les grands chasseurs, les vrais, mis en route par ce qu'ils entendent, causent en arrière, en groupe fermé, sérieux. Ce sont des gentilshommes amateurs de fauves. Ils n'épaulent pas dans le récit; ils ne crient pas; ils disent. A l'éclair de leurs yeux, on devine qu'ils ont un joli goût du danger.

— La grosse bête manque en Égypte. Ainsi, vous ne commencez à trouver le lion qu'aux environs de Khartoum. Un jour que je descendais en rapide, dans un canot, j'aperçois l'animal entre deux roches; je n'avais que deux ou trois secondes pour le tirer; alors...

Le vent emporte la fin de la phrase.

— C'est comme aux Indes, reprend l'autre; il faut être un rajah pour chasser : le tigre est protégé, à présent !

Tout à fait en arrière, un Parisien, d'une mentalité très différente, murmure :

— Moi, au Spitzberg, je m'attache à l'ours

blanc. J'ai promis à Valentine une mère pleine, pour mettre dans nos chasses de Seine-et-Oise.

Quelques jeunes femmes, — il y a une quarantaine de dames à bord, — élégamment encapuchonnées, enturbannées de voiles blancs, étendues sur des chaises longues, les yeux à demi fermés, le menton levé vers le large, tiennent des propos moins sauvages. L'une d'elles a ce mot charmant, qui tombe et que je recueille en passant :

— Le bridge a détruit bien des familles, où il était agréable d'être reçu.

10 juillet au soir. — Après quarante-deux heures de navigation, voici les côtes de Norvège. A l'endroit où nous commençons de les suivre, elles ressemblent tout à fait à certaines côtes de la Bretagne, bordées qu'elles sont de falaises peu élevées, arrondies, lavées par l'eau de la mer, et où s'enfonce çà et là une crique étroite, bien défendue contre le vent et luisante comme une faulx. Je me rappelle, en les voyant, des navigations sur des bateaux chalutiers, au large de Ploumanach. Mais le deuxième plan n'est pas le même. Des sommets dentelés, qui ne semblent pas très hauts, qui sont très doux dans le soir clair, barrent la vue au delà des longs plateaux rocheux. Tout semble désert. Soudainement, dans un angle rentrant de la côte et sur une bande de terre très basse, une ville apparaît. Maisons de bois peintes en rouge sang, en jaune, en vert pâle, en bleu, fenêtres rapprochées, maigre encadrement de bouleaux et de sapins : ma comparaison s'évanouit, nous sommes loin de la France.

Le soleil aussi n'est plus français : il paresse; il a l'air de descendre en biais vers la mer, et quand il se décide à se coucher, derrière une île en forme de cabochon, je ne reconnais plus sa manière, car l'île devient pareille à un gros pied de cactus épineux, et, au sommet, une fleur éclate, une seule, d'un rose vif, qui dure une minute, et se fane.

*
* *

11 juillet. — Le relief des terres, autour de nous, a bien grandi. Nous naviguons maintenant dans un chenal tournant, qui se resserre ou qui s'ouvre, qui fait l'écluse ou qui fait le lac, entre des îles rocheuses, hautes de deux ou trois cents mètres, peut-être plus, stériles, désertes, mais vêtues de lumière et de brume, ce qui est un beau vêtement. Partout, la roche a été limée et rayée par les glaces, il n'y a plus de terre sur les sommets, et les quelques brins de mousse qui poussent dans les fentes ne modifient pas le ton général. Toute la végétation est descendue dans un cirque étroit entre deux promontoires, sur un talus d'éboulis au ras de l'eau. C'est une simple coulée d'herbe, mais d'un vert qu'on ne voit point ailleurs, d'un vert ardent, limpide comme celui du spectre solaire, et qui seul affirme la vie, au pied des monts dentelés où tout le reste est gris, gris bleu, gris mauve, gris rose. Aile de mouette est ici une couleur répandue ; ventre de mouette aussi, car les sommets ont encore des bancs de neige. Du côté de la grande terre, ils forment presque toujours trois ou quatre plans, et beaucoup plus quand la trouée d'un fjord coupe en deux les barrières. La mer est très bleue. L'enchantement de l'été vient jusqu'au nord. De très loin en très loin, on découvre un groupe de maisons et des poteaux télégraphiques au bord de l'eau. De quoi vivent les habitants ? « Presque entièrement de la pêche, dit Nordenskjöld, et un peu du produit de la culture. » Quand nous croisons un de leurs canots, très fins à l'avant et d'une courbe allongée, les hommes nous saluent de la main. Ils ont le vent pour eux, et, leur vitesse s'ajoutant à la nôtre, ils ne sont bientôt plus, eux, leur voile carrée, leur bateau, leur sillage, qu'un détail sans vie et sans relief, qu'une forme dessinée dans la couleur maîtresse d'un écran qui pâlit. Je suis sûr que Whistler aurait dit : « Harmonie en gris, mauve et vert. »

Dans le soir qui se prolonge encore plus qu'hier, j'écoute le professeur Nordenskjöld. C'est le neveu de l'explorateur du Groenland et de l'Asie boréale, c'est Nordenskjöld l'antarctique, qui a hiverné dans les glaces du pôle austral, homme jeune, Suédois de race fine, au visage blond et régulier. Il est taciturne, comme beaucoup d'hommes du nord. Quand il ne parle pas, ses yeux bleus, sous la barre droite des sourcils, sont d'une énergie singulière. Le sourire est charmant, rapide, sans ironie. Je m'amuse du contraste entre l'homme qui interroge et celui qui répond.

— Monsieur Nordenskjöld, votre navire a été brisé par les glaces, et vous êtes demeuré prisonnier sur la banquise?

— Oui.

— Combien de temps?

— Un an.

— Aviez-vous sauvé vos provisions?

— Peu.

— Alors, qu'est-ce que vous pouviez bien manger?

— Phoques.

— Pas rien que des phoques? C'est impossible. Vous chassiez autre chose?

— Pingouins aussi.

— Ça devait être horrible!

Sourire.

— Et comment vous chauffiez-vous ? Car enfin, vous n'aviez pas de bois ?

— Huile de phoque.

— Il fallait joliment veiller, pour que la flamme ne s'éteignît pas ! Sans cela, la nuit éternelle, le désespoir, la mort !

— Non.

— Vous aviez donc ?...

— Allumettes.

12 juillet. — Je passe des heures délicieuses sur le pont ou derrière mon hublot, qui est un cadre à paysages. Il n'y a presque plus de nuit. Hier soir, le soleil s'est couché à dix heures vingt, dans une mer toute calme et couleur de paille fraîche, comme s'il avait étendu toute la moisson du blé, pour la battre le lendemain. Et à deux heures cinquante du matin, il était déjà levé, et le froment n'était plus là. Quelle joie pour les yeux, cette Norvège d'été ! Voici que nous retrouvons le vert dans le fjord de Trondhjem, le vert des sapins et des bouleaux mêlés qui boisent toutes les pentes, celui des prés qui font parmi les bois d'amples clairières.

Le fjord est large; il s'élargit encore; il devient comme un lac italien, dont il a la mollesse de nuances et de contour. Une pointe nous cache Trondhjem, nous la doublons, et nous sommes dans le port. Une grande ligne de quai avec des maisons de bois, des rues qui montent en pente douce, de très vertes collines en éventail : c'est l'ancienne capitale de la Norvège.

Je laisse plusieurs de nos compagnons de route dans les magasins de « souvenirs de Trondhjem », et, avec un ami, je monte à travers la ville, par les rues très propres, très larges, — à cause du feu, — vers un clocher que j'ai aperçu d'en bas sur la colline. Le clocher était modeste : j'ai pensé que c'était celui d'une église catholique, et qu'avec un peu de chance je trouverais le curé chez lui, et qu'avec beaucoup de chance j'arriverais à me faire comprendre et à causer avec lui. Nous allons jusqu'à l'endroit où une rivière, pleine de bois flottants, sépare la ville d'avec la banlieue. Là, dans un joli site, sur la berge, est bâtie l'église de Saint-Olaf. Un jardin divisé en planches régulières, et loué évidemment à un maraîcher fleuriste, enveloppe l'édifice et la petite cure en bois. Je sonne, et, ne sachant pas un mot de norvégien, je demande en français :

— Monsieur le curé de Trondhjem?

La servante, blonde et mûre, répond, sans accent :

— Il va revenir.

— Vous savez le français?

— Je suis Française d'Alsace.

— Et monsieur le curé parle-t-il français, lui aussi?

— Il est mon frère. Ah! qu'il va être content de vous voir!

— En effet, et tous ceux qui passent ne viennent pas! dit une forte voix, derrière nous.

C'est l'abbé Riesterer, un solide Alsacien d'une cinquantaine d'années, sourcils en broussaille, yeux de forestier, barbe de Père Éternel, redingote de clergyman. Il nous fait entrer, mon ami et moi, dans sa bibliothèque, attenante au salon. Nous parlons de l'Alsace, des catholiques de Trondhjem, un peu de la France.

Il m'apprend qu'il est le seul prêtre de nationalité française, parmi les vingt missionnaires disséminés en Norvège, qu'il réside dans le pays depuis vingt-six ans, et qu'il rencontre beaucoup de justice et de bienveillance chez les hauts fonctionnaires de l'État. Il dessert deux églises, cette petite église de Saint-Olaf, près de laquelle nous sommes, et une autre, vaste et plus ancienne, qui s'élève à droite du port.

Pendant qu'il parle avec mon ami ou avec moi, je remarque un numéro de la *Croix* jeté sur le bureau, quelques photographies de bons visages des environs d'Altkirch, et un vrai luxe de fleurs et de plantes, ou du moins assez de fleurs pour témoigner qu'on aime leur compagnie, leur regard familier et la joie qui en vient.

C'est d'ailleurs un goût répandu. J'ai vu, à Trondhjem, un marché aux fleurs, où l'on vendait des lilas, nouveauté de la saison; j'ai vu un homme vénérable arroser avec méthode une pivoine en bouton, plante peut-être unique; j'ai parcouru le cimetière, qui enveloppe la cathédrale, et où chaque tombe est fleurie de bouquets de pélargonium. Ce cimetière, vallonné, dessiné en jardin anglais, paraît être plus et mieux qu'un lieu de passage pour se rendre au temple. Auprès d'une multitude de croix, de colonnes, de pierres tombales, il y a un petit banc où peuvent s'asseoir deux personnes de la famille. On m'a assuré qu'ils n'étaient pas toujours déserts, et que, pendant la nuit de Noël, ils n'ont pas une place vide.

II

CHASSE A LA BALEINE

15 juillet au soir. — Nous avons pris, à Tromsœ, de nouveaux pilotes pour le Spitzberg, un veilleur chargé de signaler les glaces, des porteurs et chasseurs norvégiens, quatre lapons, et sept poneys qui sont hospitalisés sur l'avant du navire, dans les baraques capitonnées. Les Lapons ont un costume « sensationnel ». J'ai une si grande confiance à l'endroit de la couleur locale que je suspecte jusqu'à la nationalité de ces hommes aux jambes grêles serrées dans des culottes de cuir, coiffés d'une casquette à haute forme ornée de découpures écarlates et jaunes, enveloppés dans des peaux de rennes et ceinturés à la hauteur des hanches. L'épaisseur, l'exubérance, l'insolence de la houppe de laine rouge qui surmonte leur coiffure sont les indices presque certains d'un déguisement professionnel. Plusieurs de ces Lapons le sont peut-être par nécessité, mendiants qui vendraient moins aisément des bois de rennes et des souliers poilus, s'ils portaient un costume moins voyant et plus authentique. Certains ont cependant l'œil allongé, les pommettes saillantes et la saleté du vrai Lapon. Les touristes s'écartent volontiers quand, par hasard, un de ces chasseurs au lasso s'approche. Et ce n'est pas par respect qu'ils le font.

S'il est permis de douter de la pureté de race de ces Lapons, l'origine norvégienne des autres voyageurs récemment embarqués est certaine. Les deux pilotes sont de rudes marins, dont le plus âgé ressemble étonnamment à un vieux phoque tout blanc qui aurait le nez rouge. Le veilleur, dont j'aperçois, sur la passerelle, la longue barbe rousse tordue par le vent, et le visage placide et hâlé, et les yeux de goéland, est bien de pure espèce scandinave. Il en est de même de l'armateur, M. Johanny Bryde. Celui-ci, gentleman, de corps solide et d'esprit avisé, habite, à l'entrée du fjord de Christiania, la petite ville de Sandefjord, d'où il expédie ses navires baleiniers dans l'océan glacial, et où il monte, en ce moment, une raffinerie d'huile. Cette industrie était monopolisée, je crois, par l'Angleterre et et par l'Amérique. Il parle bien français. Nous causons, pendant que le bateau, dans le vent qui souffle, laisse en arrière, une à une, les dernières pointes de la Norvège.

La chasse à la baleine n'est plus ce qu'elle était autrefois, quand les Hollandais, en une seule campagne, au xviie siècle, pouvaient tuer comme il arriva, dix-huit cents baleines franches. Si l'on songe qu'une baleine franche vaut de trente à quarante mille francs, on s'expliquera l'acharnement des chasseurs. Mais, la conséquence était fatale : la baleine franche a presque disparu. Celle qu'on chasse aujourd'hui est plus grosse et d'un prix bien moindre; elle atteint trente et même trente cinq-mètres de longueur, et peut rapporter une somme variant entre trois et six mille francs. C'est la baleine bleue, le balénoptère, ou, comme disent les pêcheurs, la baleine foncière. Ils veulent exprimer par là qu'au lieu de flotter, comme l'autre, quand elle est morte, elle coule au fond de la mer. Et la chasse au harpon lancé à la main, ou au fusil, ne peut plus réussir. Il faut le harpon lancé par un canon, et auquel est adaptée une fusée, une sorte d'obus qui éclate dans le corps de la baleine et la tue presque toujours. L'animal peut cependant n'être que blessé. Alors, il plonge; le câble qui attache le harpon au bord du bateau baleinier se déroule, et le petit navire est entraîné à une vitesse énorme, qu'on évalue à plus de vingt milles à l'heure. Mais les bateaux sont bons, et le danger, ce n'est pas d'être coulé par une baleine; c'est, pour le pointeur, de tomber à la mer, d'avoir les jambes saisies et coupées par le câble ; c'est, pour tout l'équipage, le froid, la tempête, la fatigue extrême.

— Vos hommes sont Norvégiens, naturellement?

— Tous les équipages qui chassent la baleine, dans le monde entier, sont norvégiens. Quand un de mes trois vapeurs, qui opèrent sur les côtes du Spitzberg, a capturé une baleine, il rentre, avec sa prise à la remorque, à la baie de la Recherche, où j'ai une usine flottante. La baleine est dépecée. Avec le lard on fait de l'huile, avec les fanons on fait des « baleines » de corset et d'excellent « crin végétal », avec les os ont fait de l'engrais, et, depuis quelques mois, avec la chair, on a commencé à faire du saucisson.

— Ce doit être excellent !

— De la chair de bœuf, monsieur ; j'en ai mangé sans être prévenu...

— Avec des carottes nouvelles, c'est un plat de restaurant, dit quelqu'un qui passe.

M. Johanny Bryde n'entend pas la réflexion, et, pour conclure, se penchant vers moi :

— Monsieur, me dit-il, je veux vous faire un cadeau. C'est une chose rare, qui ne se trouve dans aucun musée...

J'attends, un peu curieux.

— Je veux, ajoute l'aimable armateur, vous donner, pour votre Académie, une oreille de baleine.

*
* *

16 juillet. — La vie à bord se modifie. L'excursion se change en voyage. Ce matin, de très bonne heure, — on nous assure que c'est le matin, mais rien ne l'indique, car le jour ne nous quitte plus, — nous passons au cap Nord. Notre route a été allongée de trois heures pour que nous pussions apercevoir ce gros nez de roche sombre, qui n'est pas même le plus septentrional de la Norvège. Beaucoup de passagers sont restés dans leur cabine, et ils n'ont pas eu tort. La plupart des autres jettent sur la côte un regard vite détourné vers la haute mer. Celle-ci est très peu engageante. Un vent d'est, froid et violent, la soulève. Le ciel est enfumé de brumes en mouvement, tantôt épaisses, tantôt transparentes. Quelquefois, une crevasse se fait dans la brume; une lame, au large, une seule, sort éblouissante des ténèbres, s'avance vers nous, portant en elle toute la splendeur du jour, soulève le bateau, l'illumine, le dépasse, et nous la suivons jusqu'à l'horizon, à travers le chaos impressionnant des houles.

La mer se creuse de plus en plus; les passagères, étendues sur des chaises longues, regrettent les fjords de la Norvège, et la maison lointaine, et ce que Fogazzaro appellerait « le petit monde d'autrefois ». On était bien chez soi ; pourquoi a-t-on voulu partir ? Quelle folie a été la nôtre ! Une jeune femme regarde avec effroi ce paysage où il n'y a rien d'immobile, rien d'abrité, rien qui ressemble à ce qu'on a laissé, et elle dit tout bas : « J'avais deux petites filles ! » Une autre demande : « Est-ce qu'on ne pourrait pas retourner ? Si on faisait voter ? Moi, je voudrais retourner ! » Un matelot lui répond : « Mais, madame, il faut bien que vous l'appreniez, le cake-walk de la mer ! » Il est de Marseille, comme presque tout l'équipage. Il aime à rire. Mais bien peu de voyageurs sont de Marseille en ce moment. Un des rares qui considèrent avec dédain les coups de vent dans l'océan glacial, qui osent parler des tempêtes passées, des typhons et des lames de huit mètres, résume gaillardement la situation, en prononçant : « Il vente frais, oui, vraiment je crois qu'on peut dire qu'il vente très frais, pas davantage. »

Cependant, Tartarin avait fait une valise secrète. Il avait complété l'équipement de ses rêves soit à Trondhjem, soit à Tromsœ, et voici que, le cercle polaire étant déjà loin derrière nous, la civilisation s'étant éloignée avec les dernières falaises de l'Europe, la liberté du déguisement n'allait plus avoir d'entraves. Parmi les fauteuils trébuchants, les explorateurs remontent des cabines sur le premier pont, et du premier pont sur le second. Ils ont, selon les tempéraments et les âges, la surculotte de molleton bleu, le pantalon et le veston de cuir, le suroît, le complet de feutre anglais imperméabilisé, la peau de bique, la peau de phoque, la peau de loup, toutes les variétés de casquettes à oreilles, de passe-montagne, de toques de fourrure, et j'aperçois même deux bonnets de tricot rouge vif achetés à Tromsœ, et qui dressent leur flamme au-dessus de deux têtes pacifiques. Quelques jeunes gens, à Tromsœ également, se sont procuré des sacs de peau de rennes fabriqués par les Lapons, et, emmaillotés dans le cuir tanné, les bras allongés le long du corps, prennent un air de colis ou de sacs de lettres bercés par le roulis.

L'heure est aux histoires tragiques. Je rencontre un matelot qui a fait, sur la *Maroussia*, l'expédition dans les mers polaires.

Il me dit :

— Le duc d'Orléans a tué seize ours, monsieur. Il ne manque pas un coup de fusil. Et pas peureux, vous savez! Nous autres, nous allions à l'ours avec nos fusils de munition, mais loin derrière le duc, qui était toujours en avant. Il laissait l'animal venir jusqu'à quinze pas, à dix pas, et quand l'ours se dressait sur ses pattes de derrière, alors seulement le duc d'Orléans ajustait, et l'ours tombait foudroyé. Mais vous autres vous ne verrez pas d'ours, il faut aller trop loin, dans les glaces qui sont des lits à phoques.

17 juillet. — Le vent n'est pas tombé. La mer est toujours extrêmement forte, et le tiers à peine des passagers se risquent à pénétrer dans la salle à manger. Plusieurs n'y font qu'une apparition furtive.

Entre une heure et trois heures du matin, nous avons longé, pendant douze kilomètres, l'île aux Ours, où il y a, en cette saison, une petite station de pêcheurs de baleines. En hiver, l'île est prise par la banquise, propriété du pôle, territoire de chasse pour les grands carnassiers.

Les officiers de quart ont aperçu une baleine et une bande de phoques. Le Norvégien à longue barbe rousse, qualifié à bord de « capitaine des glaces », a dit flegmatiquement, au milieu d'un banc de brume que traversait l'*Ile-de-France* : « Je sens des glaces qui viennent. » Il ne se trompait pas. Quelques instants après, des glaçons passaient à droite et à gauche du navire. Le thermomètre, plongé dans la mer, marquait moins un degré. Nous étions dans un courant polaire. Un mille plus loin, le thermomètre remontait à trois degrés. Le vent, plus vif que jamais, est à zéro.

Vers une heure et demie de l'après-midi, tous les valides sont sur le pont. On voit la terre. Le jour est magnifique. Dans la pleine lumière, en avant, le Spitzberg se présente à nous superbement : cent kilomètres de pics neigeux, avec dix grands glaciers inclinés vers l'Océan et tombant jusqu'à lui. Le ciel, au-dessus, est d'une couleur que je n'ai jamais vue, d'un azur tout voisin du blanc, si pur et si nacré, qu'entre la neige et lui, l'œil hésite un moment. La mer est bleu de roi.

Les icebergs sont nombreux : blocs de glace détachés des falaises, la plupart petits, flottille étincelante, dont l'abordage est sans danger, quelques-uns énormes, massifs, redoutables, tous creusés, sculptés, polis par la vague et portant enfermé, soit au-dessus, soit au-dessous de la ligne de flottaison, le feu réglementaire, vert émeraude, qui nous regarde au passage. Toute l'après-midi, nous naviguons au milieu d'eux. Le soir, nous apercevons un vapeur baleinier. C'est un des bateaux de M. Bryde. L'*Ile-de-France* stoppe. Une conversation s'engage, en norvégien, d'un navire à l'autre, et l'armateur apprend que la chasse a été détestable cette année ; que, depuis quelques jours notamment, la violence de la mer a éloigné les baleines de la côte, et qu'il faut aller au large, vers le nord, où sont deux autres baleiniers, si l'on ne veut pas rentrer bredouille. Ordre est donné de faire route au nord.

Nous suivons, en ralentissant la vitesse, le petit vapeur qui roule et tangue prodigieusement. Ce *Jupiter* n'est pas destiné à transporter des touristes, évidemment, mais on se demande comment ce menu fuseau de fer peut tenir dans ce dangereux océan glacial, comment les hommes ne sont pas enlevés par la lame qui, à chaque moment, couvre le pont. Le pointeur, par exemple, pour gagner le réduit primitif disposé à l'avant, est obligé de traverser un espace découvert que l'eau envahit à chaque coup de tangage. Sur le pont, des tonneaux sont amarrés, sous deux minuscules canots qui ressemblent à des cuillers sans manche. Trois hommes se tiennent debout sur une sorte de passerelle, et un autre, à mi-hauteur du mât, dans le nid de corbeau, fait le guet. Nous nous éloignons de trois ou quatre milles des côtes qui nous abritent encore.

La houle est devenue moins forte. Subitement, le vapeur baleinier change de route et part à toute vitesse vers l'ouest. Tous les passagers sont debout sur le pont supérieur, sur le gaillard d'avant, sur les échelles de cordes. On crie : « Une baleine! » Deux jets de poudre d'eau, comme en feraient deux cartouches de dynamite, ont jailli à un kilomètre de nous, et, à l'endroit d'où ils s'élèvent, un grand remous a fait blanchir la mer. L'*Ile-de-France* vire de bord et prend le pied, si je puis dire. Le gibier est lancé. Il disparaît, souffle de nouveau, plonge encore, reparaît ; il fait des crochets comme un lièvre, évidemment très impressionné par le grognement puissant des hélices qui le poursuivent. C'est un sport passionnant. Le baleinier devine la route de l'énorme bête. Il ne s'arrête jamais. Il y a deux ou trois défauts, facilement relevés.

Au bout de nos lorgnettes, nous voyons les fumées blanches à gauche du baleinier, très à gauche. Il les a vues aussi ; il se précipite, on a envie de sonner le bien-aller ; il doit être à portée : il va tirer, on écoute, et la baleine échappe encore. De dix heures à minuit, dans une lumière merveilleusement pure, nous courons en haute mer... Puis le vapeur fait signe qu'il abandonne la poursuite. Que s'est-il passé? Nous avons su, depuis l'explication du capitaine. La baleine était une vieille bête de chasse ; elle connaissait les hommes et les canons qui lancent les harpons, et pas une fois elle ne s'était laissé approcher. Je me rappelle que les espadas refusent de même la bataille contre les taureaux qui ont déjà été courus. Était-ce la vérité? L'Océan a ses mystères, le baleinier a ses secrets, et, cette fois du moins, nous avons poursuivi la baleine et nous ne l'avons pas prise.

III

LES TERRES DU SUD

18 juillet. — Nous mouillons dans la baie de la Recherche. Des montagnes forment une dentelure énorme, inégale et continue autour du fjord, comme en Norvège : mais ici les montagnes sont blanches au sommet, ou largement striées de neige, et, de loin en loin, deux d'entre elles s'écartent, pour laisser couler vers la mer un de ces grands glaciers à pente faible, que termine une falaise de glace, coupée verticalement.

Le temps n'a pas cessé d'être beau. Nous sommes enveloppés de terres inhabitées, mais la baie n'est pas déserte. Je compte une dizaine de bateaux près de la côte ouest, bateaux-usines le long desquels sont amarrés des cadavres de baleines en putréfaction, vapeurs baleiniers arrivant du large et traînant à la remorque une baleine dont le ventre blanc brille comme un petit iceberg, goélettes chargées de barils. Au milieu du courant, un grand paquebot à l'arrière duquel flotte le pavillon allemand : c'est l'*Oceana*, de Hambourg, qui a visité l'Islande, a débarqué hier ses trois cent cinquante passagers dans l'Advent bay, et va repartir tout à l'heure pour l'Europe.

Le fond du fjord est admirablement composé et coloré. Qu'on imagine deux vallées séparées par une chaîne de pics : une vallée de glace et une vallée de mousse. La vallée de glace est à gauche ; elle monte de la mer au ciel ; elle est couverte de neige immaculée ; elle a un front de falaise de plus de mille mètres de longueur et d'une vingtaine de mètres de haut, blanc presque partout, veiné çà et là de transparences vertes ou bleues. La vallée de mousse paraît sombre à droite. Mais, quand l'œil a fait un peu de chemin, depuis le bord vaseux jusqu'aux cimes où toute la neige n'a pas disparu, il voit bien que, même ici, le printemps est nuancé. Elle verdit à la pointe, cette mousse qui vient de rencontrer le soleil. Elle a des glacis tendres sur ses longues pentes dorées.

Nous avons hâte de débarquer, à cause de l'intolérable odeur qu'exhalent les chairs putréfiées et les graisses en fusion des baleines. Les mouettes, au contraire, et surtout les stercoraires, attirés par milliers, volent au-dessus de l'eau, se posent en grappes à l'arrière des navires, dans le courant où passent les déchets des usines flottantes, ou même s'abattent en nuées autour d'un homme que nous apercevons, debout sur la carcasse flottante d'une baleine et creusant, à coups de hache, des tranchées dans cette pourriture. A peine sommes-nous descendus sur le rivage que la poudre se met à parler, je trouve même qu'elle bavarde : les pétrels de la baie de la Recherche, s'ils se racontent des histoires pendant la nuit polaire, pourront dire à leurs petits qu'il y eut une cruelle journée, pendant la grande lumière de juillet. La pointe où les chaloupes nous ont laissés est vaseuse, ravinée par les torrents qui tombent de tous les sommets, mouillée encore par le lent dégel du sous-sol. Quelques fleurs y poussent quand même, sur des mottes qui doivent être invisiblement retenues et ancrées par la glace. Cette vie superficielle, si prompte à naître, destinée à mourir si vite, émeut secrètement plusieurs de ceux qui ne chassent pas. Je le vois à la tendresse du geste et au sourire pareil de deux jeunes femmes, qui se penchent en même temps vers des touffes d'anémones à cœur vert et de saxifrages roses, se relèvent, observent chacune la misère des racines et des feuilles qui ont tant souffert, la beauté de la fleur qui est née de là, et se taisent.

Un groupe de voyageurs espagnols fait l'ascension d'un pic ; d'autres sont allés chasser dans le fond de la baie ; je me borne à escalader une moraine et à faire une promenade sur le glacier voisin, à cinquante mètres au-dessus du niveau de la mer.

Au retour, sur la plage, les touristes de l'*Ile-de-France* rencontrent ceux de l'*Oceana*. C'est une rencontre muette : nous sommes des inconnus les uns pour les autres, et nous ne sommes pas des naufragés. Mais, peu de temps après, quand l'*Oceana*, que nous avions saluée en arrivant, quitte la baie de la Recherche et prend le large, elle nous dit au revoir avec tous les trémolos de sa sirène, et, courtoisement, fait jouer la *Marseillaise* par la fanfare du bord. Nous apercevons même, sur le pont du navire allemand, des mouchoirs qui s'agitent et des mains qui disent au revoir.

Des chasseurs, au bord de la vallée de mousse, ont vu une bande d'eiders. M. de B... rapporte deux petits renards bleus. Les goélands morts restent sur le rivage, on ne les relève pas. Et ils volaient si bien, pour le plaisir même de ceux qui les ont tués ! Le recensement des armes et munitions vient d'être fait : il y a à bord 78 fusils ou carabines, 77.588 cartouches et 39.000 plaques photographiques, — qui sont des munitions aussi, et non sans danger. Quels chiffres éloquents ! Et ce sont des chiffres avoués : qui saura les véritables ?

Vers onze heures de la nuit, par cette lumière nocturne qui est horizontale et qui projette si bien la dentelure des cimes sur les ciels pâlis, nous reprenons la mer. La baie de la Recherche diminue et reste entièrement claire.

Aucun brouillard n'appauvrit les nuances, qu'on sent fines par elles-mêmes et vues directement. Ce n'est pas le soir, c'est le jour qui veille et qui somnole un peu. Au-dessus des montagnes aiguës, disposées en couronne et de tailles presque égales, des lueurs liliales emplissent d'abord le ciel, comme si l'éclat de la neige montait, puis ce sont des verts très pâles, maîtres de tout l'horizon, puis des jaunes lavés et enfin un commencement d'azur. Quelle belle enveloppe Dieu a faite à la Terre qui n'a pas d'herbe! Je ne puis en détacher mon regard. Je sens que ce paysage s'empare de moi fortement, et que je demeurerais là s'il ne s'effaçait point, et qu'il est de ceux qui vont au delà de notre esprit, jusqu'à ces profondeurs d'émotion qui gardent nos souvenirs.

19 juillet. — L'*Ile-de-France* a contourné la terre et le grand glacier de Nordenskjöld, et nous voici à mi-hauteur environ du Spitzberg, dans un long golfe clair. A notre gauche, un trou noir sur la pente de la montagne, et, de cette gueule ouverte, des traînées noires qui descendent; un groupe de sept ou huit maisons un peu plus bas : c'est une mine de charbon et un village de mineurs. A droite, une vaste terre d'alluvion, marbrée de plaques de mousse, et, à quelques mètres de la rive, un hôtel en planches et un cottage à moitié construit.

Le vaguemestre du bord est descendu le premier ; il parlemente avec deux femmes en jupe courte et corsage clair, — les deux seules femmes sans doute qui résident au Spitzberg.

— Où sommes-nous, et quel est ce commencement de colonisation ? La baie s'appelle Advent bay ; la mine dans la montagne appartient à une compagnie anglaise ; l'hôtel loge des mineurs, des prospecteurs et des trappeurs, et la maison en construction, bâtie pour le compte d'une compagnie américaine, abrite déjà un ingénieur qui doit y passer l'hiver. En effet, le drapeau étoilé flotte sur le toit de l'habitation. A quelque distance, j'aperçois l'emplacement d'un tennis et les arceaux d'un jeu de croquet.

La mine anglaise est la seule qui soit entrée dans la période d'exploitation. Vingt-trois ouvriers, presque tous norvégiens, ont travaillé, l'hiver dernier, à extraire une houille que les géologues disent être d'assez bonne qualité, et qui est vendue aux baleiniers. Ce débouché modeste suffit jusqu'à présent, car le rendement de la mine n'est encore que d'une centaine de tonnes par semaine. Quelles souffrances s'ajoutent ici à la rigueur habituelle de la vie du mineur! Trois mois de nuit polaire, le froid qui atteint quarante degrés, la privation presque complète de communication avec le monde, et celle, plus rude sans doute et plus dangereuse, d'aliments frais! Les galeries souterraines ne sont pas même un abri contre l'excessive température : il faut de l'air, et l'air que soufflent les machines, c'est celui du pôle. Ceux de nos compagnons de voyage qui ont visité la mine ont observé que, sur de grandes étendues, le plafond et les parois étaient revêtus d'une couche de glace. Nous serons, d'ailleurs, abondamment renseignés. Un des employés de la compagnie est monté à bord, et va nous accompagner dans notre excursion prochaine. Tout de suite il a été sympathique aux chasseurs et même à de médiocres chasseurs.

* *
*

Hansen n'a pas besoin d'imagination pour intéresser les tireurs en battue que nous sommes. Il n'a qu'à raconter son histoire. C'est un Norvégien blond de cheveux et de moustaches, rose de teint, avec des yeux couleur d'iceberg et d'une glace qui ne fond pas. Il y a en lui du primitif : il écoute sans distraction; il prend toute parole au sérieux, et il méprise le sport, parce qu'il vit dans le danger utile. Il lui faut la glace et l'aventure arctique. « J'ai le spleen du Spitzberg », nous dit-il. Depuis seize ans, il n'a pas manqué d'hiverner sur un point ou un autre du Westland, pour chasser l'ours blanc et le renard bleu. Il s'embarque à Tromsœ. — où habite sa femme, — avec quatre ou cinq compagnons. Un marchand de fourrures fait les avances nécessaires. Au retour, il choisit les plus belles fourrures, se rembourse de la sorte et probablement très bien. Hansen vend les peaux qui restent et partage avec son équipe. Il a chassé. Il passe l'été en Norvège. Cependant, depuis un an, — exactement depuis dix mois, — il n'est pas revenu.

— Avez-vous au moins des nouvelles?

— Oui, dit-il tranquillement ; ma femme m'a écrit une fois : elle va bien.

Il a un double rôle, à la mine : il est chargé de maintenir l'ordre, et d'assurer la provision de venaison fraîche. Ce gibier, c'est le renne sauvage. Hansen doit en fournir un tous les quatre jours. Je suis persuadé qu'il n'y manque pas souvent. C'est un tireur qui ménage sa poudre plus que les jeunes chasseurs du bord, et qui a la passion de son métier. Il a tué trente-deux ours blancs l'hiver dernier, tué ou piégé je ne sais combien de renards blancs ou bleus.

Quand il raconte une de ses rencontres avec l'ours, il a tout juste le ton que prendrait un de nos gardes pour dire : « A la fin de la chasse, comme monsieur n'aime pas que je laisse chargé mon vieux fusil à baguette, j'ai descendu un écureuil. » L'émotion ne l'étreint pas. Il conclut en formulant ce conseil, qui suppose une expérience rare et beaucoup de drames obscurs : « L'ours devient très dangereux quand il est blessé ; il faut le tirer de très près et le tuer raide. »

La mine américaine n'est pas encore exploitée. Elle est située dans la montagne, à cinq kilomètres du point où nous débarquons, et sur la rive gauche de la Sassen bay. Les forages ont donné des échantillons de charbon très remarquables, dit-on. Les ouvriers campent autour des puits, et construisent une maison de planches pour l'hiver, qui va venir si vite, puisque, à la fin de septembre, la mer gèle. Des passagers demandent à la femme de l'ingénieur, qui les accueille avec une joie non dissimulée, si elle va retourner en Amérique : « Ma belle-sœur retournera, dit-elle, moi j'hivernerai avec mon mari. » Au cours de la conversation, qui se prolonge dans le cottage, autour de la table où l'on sert le thé, elle dit encore : « Si vous étiez venus il y a quelque temps, vous nous auriez trouvés dans un grand embarras : les ouvriers étaient en grève, et c'est pour cela que la maison n'est pas achevée. »

***

Je passe près du terrain réservé au jeu de croquet, et je vais assez loin, avec mon fusil, dans la prairie tourbeuse et sur les contreforts des montagnes qui ferment la baie. Les oiseaux d'eau ne sont pas très nombreux. Des bandes de bruants des neiges, blancs et bruns, volent d'une arête à l'autre de ces éboulis de pierres friables, qui finissent dans la plaine en éventails de mousse. La mousse est si abondante qu'elle supprime presque toutes les cascades, en cette saison du moins. L'eau glisse invisiblement entre les lamelles de ces roches feuilletées, atteint à leur pied les mousses, la région des boues et des tourbes, et coule ainsi par imbibition, secrète et muette, jusqu'à la mer. Le silence est impressionnant mais court. Mes compagnons de chasse, répandus sur la rive et dans les ravins, tirent des pétrels, des guillemots, des mouettes.

Je reviens à bord par un détour ; je veux visiter ce tertre où j'avais cru reconnaître, de loin, les tombes d'un cimetière. « Naufragés ?

me disais-je ; trappeurs dont on retrouva, au printemps, le corps à demi dévoré par les ours! Baleiniers surpris par les glaces et morts pendant l'hivernage? » Je distinguais des amas de pierres en forme de tour, des « cairns » surmontés de hampes avec drapeaux ou plaques de fer. Quand je fus tout près, je lus, sur ces étiquettes durables, les noms, simplement, des bateaux allemands qui ont visité, en ces dernières années, l'Advent bay, bateaux de touristes, qui avaient emporté des souvenirs, mais qui en avaient aussi apporté un : « *Blucher*, Hambourg, 15 juillet 1904. — *Prinzessin-Victoria-Louise*, 29 juillet 1905. — 1905, *Möltke*. — *Blucher*, Hambourg, 13 juillet 1906. » Ce dernier monument était orné encore de cette inscription : « Mon champ, c'est le monde. »

La grève, la devise du pangermanisme inscrite sur un rocher du Spitzberg, ce sont des notes modernes. Il existe d'autres signes, qui montrent ici plutôt que des commencements de civilisation, des débuts de compétition et de rivalités. J'apprends, par exemple, que la Compagnie américaine a choisi un territoire minier considérable, l'a délimité, comme dans les pays

de colonisation, avec du fil de fer, et l'a fait
« enregistrer » en Amérique. Sur les rivages de
la baie de la Recherche, M. Bryde, notre compagnon de voyage, a entouré de même un terrain à sa convenance. Les falaises du cap Thordsen, que nous allons voir, portent une hampe
avec un écriteau disant : « Moi, lord X... j'ai
pris possession de cette terre. » Les explications et affirmations nouvelles de propriété
sont enfermées dans une boîte fixée à la même
hampe. On parle d'autres mines, d'autres ambitions...

La température est agréable ; la baie ensoleillée demeure très sévère de lignes, parce que
tous les premiers plans sont dessinés par la
terre et la pierre et qu'il n'y a point de verdure pour adoucir les reliefs. Mais les lointains,
au Spitzberg comme dans nos pays, appartiennent en toute souveraineté à la lumière, qui les
modèle et les revêt pour la joie de nos yeux. Et
cela explique en partie cette double impression
de non-conformité et d'attirance que donnent
les paysages du Spitzberg.

Au moment où je remonte sur le pont de l'*Ile-de-France*, je croise à la coupée la femme de l'ingénieur américain. Elle est venue visiter le navire et elle emporte, — avec un ravissement qui paraîtrait puéril ailleurs mais qui est émouvant dans cette région polaire, — un cadeau du commandant, un trésor, une merveille à laquelle la pauvre femme a dû rêver souvent : une corbeille de fruits.

IV

LA CHASSE AU RENNE. — LE PAYSAGE DU
SPITZBERG. — LA BAIE DU ROI.

Du 20 au 23 juillet, nous faisons des excursions sur les rives de cette mer véritable qui s'appelle l'Icefjord, et dont l'Advent bay n'est, sur la carte, qu'une découpure presque négligeable. Deux groupes de chasseurs, — une quarantaine de tireurs, avec des vivres et des tentes, — ont été débarqués, dans la matinée du 20 ; le premier, sur le point de la côte de la Sassen bay le plus rapproché de notre mouillage; le second tout au fond de cette même baie. Ils ont élu chacun un chef. Nous avons serré bien des mains, et, prudemment, nous avons évité de souhaiter bonne chance à ceux qui vont courir cette aventure de la chasse au renne. Nous avons vu décroître, sur l'eau calme du fjord, le bac où les chevaux lapons, destinés au transport des tentes, tremblaient d'étonnement, puis les barques pleines de petites meules remuantes, de fourrures coiffées d'un chapeau et que dépassait le canon d'un fusil.

O chasseurs, poètes inguérissables, vous êtes de tous les gibiers celui qui se défend le moins. Votre imagination vous mène. Vous riez des alouettes qui se prennent au miroir. Plusieurs d'entre vous sont venus cependant de bien loin, de plus de mille lieues, pour avoir vu en rêve l'ombre d'un bois de renne se projetant sur la mousse de la « vallée des fleurs ». Où sont les fleurs? Où est le renne? Où est l'ombre? Vous nous le direz demain soir.

Les voyageurs qui ne méritent pas le nom de « veneurs », décerné par le livret de la croisière à nos chercheurs de rennes, ou ceux qui se sont fait inscrire tardivement, font l'ascension de pics qui attendent un nom et de glaciers que les cartes, toutes extrêmement incomplètes, du Spitzberg n'ont pas relevés; ils vont à l'affût des oiseaux de mer; ils collectionnent les pierres; tous les rivages sont suivis; les bords de la Sassen bay auront désormais des commencements de pistes. Un ornithologue, un chasseur de l'espèce la plus passionnée, qui est rêveuse et solitaire, géologue amateur et promeneur qui voit tout, me confie qu'il a ramassé, avant-hier, dans une haute vallée, un échantillon d'anthracite d'une qualité exceptionnelle. Je lui demande de me donner la liste des principales variétés d'oiseaux qui sont rapportées à bord, chaque jour ou chaque nuit, car il y a toujours une embarcation dehors et des coups de fusil, bruit menu comme celui d'une amorce, sur un point ou un autre de l'immense baie. Il écrit :

« Grand goéland arctique, blanc à manteau bleu perlé ; — goéland sénateur, tout blanc, très rare ; — macareux moine, bec en cisaille, noir, blanc orange et bleuté ; — lagopède des neiges, pattu jusqu'aux ongles ; — bruant des neiges ; — stercoraire des rochers, qui n'a qu'un seul tube respiratoire au sommet du bec ; — stercoraire longicaude, tête noire, longue plume à la queue ; — mergule nain, le plus petit des plongeurs ; — guillemot troïle, noir et blanc, bec de mouette, cou jaune ; — guillemot arctique, inconnu en Europe, ailes courtes, miroir blanc, pattes cramoisies ; — eider commun ; — eider du Groenland, et des tourne-pierres, et des bécassines, et jusqu'à un phalarope platyrinque, oiseau de rivage, à pattes demi palmées, et qui forme, à lui seul, une classe, et la remplit. »

⁂

A bord de l'*Ile-de-France*, on cause, on écoute de la musique, on médite en souriant les affiches humoristiques que dessine un peintre d'esprit et de beaucoup de talent, M. Félix Fournery ; on photographie tout, à tout hasard ; on voyage aussi. Nous visitons la station du cap Thordson, où sont des maisons de planches, des rails de chemin de fer Decauville à demi ensevelis dans les hautes mousses de la falaise, et un petit tertre entouré d'une palissade en ruine et surmonté d'une croix de bois. Quinze hommes sont morts là, en 1872, des Suédois, surpris par l'arrivée de la banquise. Un des

Norvégiens qui nous accompagnent avait été chargé de leur porter secours ; il parvint jusqu'à l'entrée de l'Icefjord, mais ne put aller au delà. Nous tournons, dans une baie voisine, la baie de Skans, autour d'une montagne admirable de couleur et de relief. Elle ressemble à un temple hindou ; elle en a les étages de colonnes, l'abondance de détails, le caprice et l'énormité, et sur les pentes de cette architecture, je ne sais quel lichen polaire a mis les tons vieil or qui conviennent et complètent.

Après deux jours, à l'heure du dîner, le premier groupe de chasseurs de rennes est signalé. Son chef, le colonel de Nadaillac, après avoir fait des prouesses d'alpiniste, a abattu un superbe renne mâle, au mufle noir, aux bois rameux et encore couverts de duvet. On l'acclame. Il raconte sa chasse, et comment les deux Lapons, tout à coup, se sont mis à courir avec une étonnante agilité, après le renne blessé, ont jeté le lasso, l'un à droite, l'autre à gauche, et, maintenant ainsi l'animal, qui n'avançait plus qu'à petits pas, attendaient le chasseur. Le deuxième groupe arrive à dix heures. Il a été conduit, par les guides norvégiens, dans la plaine et au meilleur endroit. On a tué vingt rennes. Le pont arrière est encombré de cadavres de bêtes grises et brunes, dont les bois s'entremêlent et font comme un buisson. Le vieux mâle est pendu au-dessus, par les jarrets, la tête en bas.

Le lendemain, nouvelle chasse pour les chasseurs les moins heureux. Vingt et un rennes sont encore tués. En tout, cela fait quarante-deux rennes de moins dans le Renndal. Les Norvégiens trouvent que c'est beaucoup, et je crois qu'ils n'ont pas tort. Ces troupeaux de rennes sauvages sont la réserve de viande fraîche des mineurs et des trappeurs. Tout le monde, peu à peu, se range à cet avis, et les plus ardents chasseurs prennent de fortes résolutions pour l'avenir.

J'ai voulu étudier plus à fond et dans la solitude cette nature du Spitzberg au milieu de laquelle je vis depuis plusieurs jours. Grâce à l'obligeance du commandant de l'*Ile-de-France*, j'ai été débarqué à cinq milles du navire, dans une anse si complètement déserte, si peu visitée par les chasseurs que les bandes d'eiders, assises sur le rivage, laissent le canot s'approcher jusqu'à une demi-portée de fusil, avant de prendre le vol.

Je grimpe au sommet d'un cap, pointe que doublent en criant tous les goélands, tous les pétrels et perroquets de mer qui remontent le vent vif, ou qui se lèvent au pied de la falaise et vont au nid que protègent deux cents mètres d'à pic. L'étendue que je découvre de là est aussi vaste que celles que je contemplais, ces jours derniers, à l'Advent bay ou dans le Bell Sund, et la parenté de ces paysages, de celui que je vois et de ceux dont je me souviens, est la première chose qui me frappe. Terre sculptée tout entière au même âge du monde, et qui n'a que deux vêtements, tous deux d'emprunt et qui ne sont point sortis d'elle : la neige pendant dix mois, et puis ce court soleil d'été qui prend la place des neiges fondues.

Le dessin d'abord est nouveau pour nos yeux, et il est dur. J'ai au-dessous de moi un large fjord, la Sassen bay, qui s'étend à l'est et à l'ouest. Il est limité de toutes parts, sauf au couchant où il s'ouvre, par des montagnes de forme conique et de hauteur à peu près égale. C'est une succession de pics aigus reliés par des courbes; une suite de sommets palmés avec des griffes partout; le panorama du Righi avec un lac prodigieusement exhaussé et qui noierait les Alpes et n'épargnerait que les cimes. L'image est encore imparfaite. Elle ne fait pas comprendre assez bien la sécheresse de ligne de ces dentelures des premiers plans projetées sur le ciel, et de ces rainures profondes, régulières, creusées par la glace dans les pentes, rapprochées en faisceau au sommet des montagnes, s'écartant à la base, et dont on dirait que les arêtes viennent d'être aiguisées. La mousse ne les revêt pas, ou n'en revêt qu'une très petite partie. Les arbres sont inconnus. Le gazon ne pousse pas. L'ossature de la terre apparaît comme sortant du déluge. Et cela est dur pour nos yeux, quelles que soient la beauté de la lumière et la joie qui vient d'elle.

Celle-ci est grande pourtant. Au delà du fjord, la barrière de montagnes est légèrement colorée, — trop légèrement; — à mesure qu'elle s'éloigne, à droite et à gauche, elle prend une teinte plus ardente, elle perd dans la couleur l'âpreté de son dessin, elle devient d'un rose fluide et vineux. Juste en face de moi, une seconde baie, perpendiculaire à la Sassen bay, s'enfonce au nord, et ici le soleil est maître et son illusion est souveraine; tous ses rayons tombent directement, ils pénètrent, ils transforment, ils font jaillir, de cette terre et de cette mer glacée, des images du Midi. Les rives de Billen bay ont le bleu de l'Apennin, les glaciers du fond étincellent, et la mer qui les baigne, traversée en tous sens par des éclairs d'argent, me rappelle l'enchantement de la grotte de Capri.

Pourquoi donc ma joie n'est-elle pas entière? Quelle raison, secrète et sûre, m'empêche de répondre à cette invitation de la lumière par un cri qui veut dire : mon cœur est plein, et je te remercie, lumière faite pour moi? J'ai un regret dans ma joie. Lequel? D'abord, celui de la couleur verte, qui n'est pas seulement douce à nos yeux, qui leur est nécessaire, parce qu'elle porte en elle l'idée de fécondité. Et puis, je sens trop bien que tout ce décor n'est que mirage et apparence vaine, qu'il est inhabitable, qu'il est hostile et cruel, qu'un peu de brume suffirait à lui rendre son vrai visage. Je le devine à la dure silhouette des montagnes qui sont les plus proches de moi et qui mentent moins que les autres. Je le vois dès que je me retourne, car la muraille, en arrière du cap, n'est que boue durcie, roches stériles, ravins où l'eau s'égoutte et ne fait rien germer.

Je crois que je comprends mieux, à présent, l'émotion incomplète et mêlée de souffrance que m'a causée ce pays. Il n'a qu'un seul paysage, diversement composé mais des mêmes éléments, et il peut sourire, s'illuminer, nous dire : « Tu vois, je ressemble à ce que tu aimes », nous ne le croyons pas. Ce n'est partout que la mort, parée, pour un moment, de l'illusion de la vie.

Quand je reviens à bord, rapportant un grand goéland arctique, que j'ai tué sur la falaise, une des passagères, une jeune femme qui a regardé négligemment les lointains pendant que je les étudiais, formule autrement que moi, mais bien joliment, ses impressions d'artiste inconscient. Elle dit languissamment, les yeux perdus dans les splendeurs fuyantes de la baie :

— Tout pour un arbre avec une pie dessus !

*
* *

23 juillet. — Je vois enfin le Spitzberg d'hiver, le vrai. C'est d'une admirable horreur. Nous avons fait route au nord, voyagé toute la nuit, puis toute la matinée. Il est quatre heures du soir. Nous pénétrons dans la baie du Roi, qui n'est presque jamais libre, et le vent soulève l'eau du golfe, et la brume court sur le soleil. Il fait froid ; il fait sombre ; les nuages forment toit ; le navire s'avance très lentement, à cause des icebergs, et il nous semble que nous nous enfonçons dans une caverne prodigieuse, dont la voûte est portée par des montagnes, et qu'éclaire seulement une sorte de crépuscule qui tombe des glaciers.

Ceux-ci remplissent tous les intervalles, tous les ravins entre les montagnes. Leurs faibles pentes d'un blanc fumeux, voilées par le brouillard, alternent sur chaque rive avec les cônes de roches brunes. Mais la bordure de glace est encore sans rupture. La débâcle incomplète a laissé, au ras de la mer et reliant les glaciers, une croûte épaisse, hérissée, suspendue au-dessus de l'eau et qu'on entend craquer.

La puissance et l'hostilité de toutes ces choses étreignent le cœur. On imagine malgré soi qu'on est abandonné là, et qu'il faut essayer de vivre, et que la nuit polaire va remplacer ces demi-ténèbres, qu'elle est prête à descendre, par tous les cols glacés. Toute vie a disparu, et tout espoir de secours est perdu. Il n'y a point au monde de semblable désolation. Une seule petite lueur est restée, une beauté inutile et splendide. Tout au fond de la baie, les torrents qui tombent du glacier de la Couronne déversent une boue rouge, qui s'étale sur les eaux noires et les divise. Dans ce courant, dont la teinte exacte est saumon vif, flottent des icebergs bleus, et non pas tachetés de bleu, ou vaguement nuancés, mais tout entiers d'un bleu pur, comme de belles pierres de joaillerie. Ils se suivent, ils dérivent lentement sur la traînée d'eau rouge qui les porte, entre des murailles sombres, sous la voûte sans fissure de l'immense caverne glacée.

Nous voyageons pendant une heure au milieu d'eux, sans que le caractère du paysage ait varié. A la sortie seulement de la Kings bay, en haute mer, nous revoyons le soleil.

Hansen raconte à plusieurs de nos compagnons de la croisière qu'il a fait, dans une des criques de la Kings bay, une chasse à l'ours qui a bien failli être sa dernière chasse. On sait que l'ours polaire se nourrit de phoques, qu'il surprend à l'heure où ces amphibies, comme des lapins au bord du terrier, s'ébattent sur les marges de la banquise. Le chasseur, se servant d'un stratagème très connu, imitait donc le phoque. Couché à plat ventre sur la glace, les jarrets légèrement ployés, il agitait en mesure, à gauche et à droite, ses pieds réunis et battant l'air. Un ours blanc, qu'il avait aperçu de loin, ne tarda pas à s'émouvoir, et vint, rugissant de joie et trottant l'amble, comme de coutume. Et, la route se trouvant hérissée de blocs de neige, il se dressait tout debout, parfois, pour s'assurer que la proie était toujours sans défiance, puis se remettait à courir. Hansen le tira à trente pas. Le coup rata. Le chasseur ouvrit le fusil, changea la cartouche et tira de nouveau. Nouveau raté. L'ours n'était pas à vingt pas. Hansen s'aperçut alors que le percuteur était couvert de glace, gratta comme il put, au hasard, la culasse de l'arme, et tira l'ours pour la troisième fois, presque à bout portant. L'animal, un des plus grands qui se puissent voir, mesurait deux mètres quatre-vingt-quinze du museau à la queue. « Il devait être trop vieux, ajoute Hansen, pour prendre beaucoup de phoques. Je pense bien qu'il n'avait pas mangé depuis huit jours. Je ne lui ai trouvé que des algues dans le ventre. »

Nous mettons, de nouveau, le cap au nord. La nuit est très belle. A dix heures, un coup de sirène appelle tous les passagers sur le pont. Nous sommes tout près de l'extrême pointe septentrionale du Spitzberg, mais le navire se dirige droit sur la côte.

— Où allons-nous?

— Au havre de la Vierge, où est l'expédition Wellman.

Cependant, nous n'apercevons aucun abri, ni aucune coupure, dans la chaîne brune, blanche et violette des Alpes polaires. On dirait que *l'Ile-de-France* va se jeter à la côte. Quand nous sommes tout près, nous découvrons un chenal étroit entre deux montagnes. Nous entrons dans son ombre, et tout le monde se tait. Il s'élargit; il s'illumine; nous sommes dans un lac presque entièrement clair, pressé par des montagnes aiguës, couleur de bure et rayées de neige, barré au fond par un glacier. C'est quelque part, là-bas, que devait être la maison d'Andrée.

Un gros navire blanc est à l'ancre et se profile sur le glacier; un autre, plus petit et noir, s'abrite plus près de la côte. Le petit, c'est évidemment le bateau qui a amené au Spitzberg l'expédition Wellman. Mais l'autre? On dirait un navire de guerre? C'est un hollandais. On peut déjà lire son nom : *Friesland*. Quelle rencontre inattendue! Que fait-il ici?

A peine avons-nous mouillé, nous avons la réponse. La reine Wilhelmine s'est émue de l'abandon où étaient laissées, depuis de bien longues années, les tombes des anciens baleiniers hollandais, qui avaient fondé dans ces parages, au XVIIe siècle, une grande station de pêche, Smerenburg. Elle a envoyé au Spitzberg le croiseur *Friesland*, vaisseau école des cadets, pour élever un monument aux vieux pionniers de la mère patrie, et rassembler leurs os dispersés par la neige, les ours blancs et les hommes. Le cérémonie funèbre aura lieu demain. Ce sont deux Français qui nous donnent ces détails : M. Colardeau, chef mécanicien, et M. Hervieu, aéronaute, attachés à l'expédition Wellman. Ils viennent d'apparaître sur le pont; ils ont été aussitôt entourés, enveloppés, interrogés et retenus prisonniers par les passagers de *l'Ile-de-France*. Ils ne s'en émeuvent pas; ils répondent aux questions qui partent de tous les points du cercle formé autour d'eux, et même d'en haut, car j'aperçois des chasseurs de rennes dans les échelles de corde et dans les embarcations.

— Oui, tout le monde est en bonne santé. Vous verrez la maison demain matin.

Déjà bâtie?

— En quarante-huit heures. L'expédition est arrivée en deux escouades à l'île des Danois. La première escouade a débarqué le 22 juin.

— La baie était libre ?

— A peine. Des glaces partout; un ours blanc en retard, qui, nous voyant, s'est sauvé pour rejoindre la banquise; sur la côte, un avant-toit de glace qu'il a fallu briser... A présent nous sommes à couvert, chez nous : nous avons dix mille kilos de provisions. Même aujourd'hui, nous avons mangé du pain blanc, — un régal! — il y a huit jours que nous nous en réjouissions. On travaille ferme, et tout le monde met la main à l'œuvre. Pas une chasse; pas de vacances : il faut se hâter.

— Et la banquise, toujours en retraite?

— Nous allons le savoir, cette nuit sans doute. Un petit bateau, affrété par un grand chasseur de phoques et d'ours, est justement en excursion dans le nord. Nous l'attendons.

La conversation se prolonge très avant dans la nuit très claire. Au moment où je regagne ma cabine, j'entends le bruit des coupes de champagne heurtées et levées en l'honneur des explorateurs.

V

LA VISITE

*Mardi 24 juillet.*ⁿ — Le premier canot qui accoste la grève est, naturellement, tout plein de photographes. On débarque sur quelques planches de sapin qui forment une espèce d'appontement. Le major Hersey accueille, à leur arrivée dans l'île des Danois, les passagers de *l'Ile-de-France*. Il est chargé de faire les observations scientifiques à bord du futur dirigeable ; il a été désigné par le gouvernement américain ; il est chez lui et il le prouve. Remarquant un appareil volumineux entre le bras d'un photographe :

— Qu'est-ce que c'est? Un appareil pour la cinématographie?

— Oui, monsieur.

— Vous ne le monterez pas.

— Le Spitzberg n'est à personne !

— L'appontement est à nous : le territoire de la mission est à nous ; vous n'y prendrez aucune vue panoramique.

— Ah ! par exemple !

Le major fait mine de saisir l'appareil; le propriétaire défend son bien ; des tiers s'interposent. Des mots vifs sont échangés. Un moment, on peut craindre que la paix du Spitzberg ne soit troublée pour une pellicule sensible. Mais le cinématographiste de *l'Ile-de-France* n'est pas un homme facile à étonner : il a voyagé en Amérique, naufragé quelquefois, pris des instantanés de batailles en Mandchourie, et suivi des chasses à l'ours en Sibérie, avec l'appareil enregistreur pour toute armée défensive. Dès qu'il a vu que son droit était sérieusement contesté par un membre de l'expédition Wellman, il a couru à la maison du chef. M. Wellman, comme un ministre, répond que la question est délicate : il y a des droits antérieurs ; des conventions qui reconnaissent à certains éditeurs un véritable monopole photographique... Cependant, s'étant avancé sur le seuil de sa maison, et jugeant qu'une défense absolue serait discourtoise, quand cent cinquante nouveaux visiteurs sont en route, il décide :

— Photographiez la mer et le débarquement de vos compatriotes. Laissez de côté le territoire de la mission.

Ce menu incident, qui se passait, pourrait-on dire, sous l'œil du pôle, nous ramenait en pleine civilisation.

Nous descendons à terre. Le « territoire », qui a dû porter autrefois le front d'un glacier, est un triangle de pierrailles et de cailloux, coupé de quelques filets d'eau boueuse, qui borde la mer sur une assez petite étendue et dont la pointe la plus longue se relève et s'enfonce entre deux montagnes. Il est protégé contre les vents les plus dangereux ; il est à l'abri des avalanches, où a peu près. Un Anglais bien connu, Pike, l'habita d'abord, en haine des hommes. L'explorateur Andrée s'installa dans la maison de Pike, devenue vacante. M. Wellman n'a rien trouvé de mieux d'établir son camp sur cette plage célèbre, et nous visitons un chantier en pleine activité où des ouvriers norvégiens achèvent de construire des hangars, où des mécaniciens montent des machines, où se dressent un peu partout, aux endroits les plus secs, des piles de planches et de poutres, des tas de caisses de fer-blanc et de longues boîtes d'essence minérale.

Tout à fait à gauche, et formant l'aile extrême du camp, j'aperçois une tente en toile verte; qu'est-ce que c'est?

— La chambre et le salon du correspondant d'un journal berlinois, monsieur. Il passe l'été avec nous.

Nous sommes entourés d'ouvriers ou d'ingénieurs de la mission, qui nous renseignent obligeamment, soit en français, soit en anglais. A peu de distance, et toujours au bord de la mer, s'élève une vaste maison de planches, que prolonge un appentis. C'est la maison de Pike. Elle a eu de nombreux locataires, depuis l'original Anglais qui l'a bâtie : des trappeurs qui ont trouvé l'abri tout fait et l'ont habité un hiver, deux hivers, et qui reviendront quelque jour, car la région est excellente pour la chasse; l'expédition Andrée, qui avait simplement réparé l'immeuble; puis des ours blancs et des renards qui ne se gênent pas, dès que la saison devient trop rigoureuse et quand le phoque est plus difficile à chasser, pour enfoncer les fenêtres et visiter les appartements où persiste l'odeur de l'homme, des provisions et du cuir. Aujourd'hui ce sont les ouvriers norvégiens qui occupent la maison de Pike.

Dans quelques semaines sans doute, elle redeviendra la chose de tous, y compris les bêtes. Je continue ma promenade, et je passe au pied d'un échafaudage, quatre poutrelles reliées par des traverses auxquelles sont accrochés des quartiers de viande. C'est le garde-manger, en plein vent, de l'expédition.

— Vous le voyez, me dit mon guide, l'air du Spitzberg est admirablement pur. Ces morceaux de bœuf et de renne, nous les avons pendus ici il y a trente-deux jours, et rien ne s'est gâté. Ils se sont un peu racornis, mais il suffit d'enlever la tranche superficielle pour retrouver la viande fraîche. Nous n'avons pas de microbes au pôle, et pas de mouches. Regardez encore ce grand toit goudronné, en forme de carène et parallèle à la mer : c'est notre atelier, et tous nos instruments et outils y sont disposés en bel ordre. On travaille ferme, et la neige peut venir sans trop nous gêner.

A ce moment nous croisons M. Wellman. On me nomme à lui. Nous échangeons quelques propos de politesse banale; j'ai le temps, tout juste, de sentir se graver en moi ces premiers traits du portrait moral d'un homme, qui nous viennent avec son image. Cet Américain d'assez haute taille, aux yeux fortement ombragés, aux joues qui ont été creuses et qui ne sont qu'à demi pleines, aux moustaches tombantes, blondes et déjà pâlies, est un nerveux, un observateur et un réservé, habitué aux hommes plutôt qu'homme du monde, et qui se tient sur la brèche à force de volonté. Il y a chez lui beaucoup d'énergie, beaucoup d'émulation, beaucoup de confiance, un peu d'imagination, un peu de lassitude aussi, méprisée et domptée. Il s'éloigne. Je vois disparaître, au milieu des groupes, son complet gris foncé et sa casquette noire de yachtman.

Et je vais visiter sa maison d'explorateur polaire. C'est un chef-d'œuvre norvégien, bâti en sapin de Norvège, et d'après des plans classiques légèrement modifiés. La construction est carrée, posée sur des pieux, à trois pieds du sol, coiffée d'un toit à quatre pans égaux, et surmontée d'une lanterne vitrée. On entre, par un escalier extérieur, dans un couloir qui fait tout le tour du bâtiment et qui sert de grenier, en même temps que de protection pour la pièce centrale. De trois côtés, en effet, des caisses de farine et de légumes secs, des boîtes de conserves américaines, des jambons, sont entassés le long des cloisons, ou disposés sur des étagères. Le quatrième côté, aménagé avec recherche, ripoliné, agrémenté de faïences, comprend une cuisine, avec fourneau de fonte, batterie sommaire, vaisselle luisante, et une salle de bains. Au centre, garantie contre le froid par ce matelas de couloirs, par de doubles cloisons, par un double plancher, il y a la chambre-salon. Les couchettes, semblables à celles des bateaux, sont encastrées dans la muraille, à droite et à gauche, sur trois rangs. A la tête de l'une d'elles j'aperçois, attachée par des épingles, la photographie d'une jeune femme ; ailleurs, celle d'un enfant.

VI

L'ÉCHOUEMENT DE « L'ILE-DE-FRANCE »
OUTER-NORWAY

25 juillet.

Nous avons quitté le havre de la Virgo vers cinq heures du matin. Il est huit heures. Je monte sur le pont, et je suis émerveillé de la beauté du jour, et de la mer, et de ses côtes sauvages.

Nous sommes à l'entrée de la baie la plus septentrionale du Spitzberg, la Red bay, fort mal connue et réputée dangereuse. Des bancs de glace d'une grande étendue flottent entre nous et la terre, et la baie, dans la partie la plus profonde, est entièrement glacée. Nous ne faisons donc que décrire une courbe peu prononcée entre les deux pointes extrêmes. Tout à coup, à huit heures dix, une forte secousse ébranle le navire. Les passagers ont l'impression que l'*Ile-de-France* a rencontré un iceberg.

Une seconde s'écoule, et une nouvelle secousse prolongée, un ralentissement brusque puis l'arrêt complet du bateau font sauter hors de leur lit les nombreux voyageurs qui sont encore couchés. Je regarde ma montre : il est huit heures dix-huit. On entend la voix du commandant qui crie : « Tout le monde sur le pont ! Les canots à la mer ! » En moins d'une minute, le pont est envahi ; les marins, les chauffeurs, le personnel du service affalent les embarcations ; les passagers prennent ou courent chercher la ceinture de sauvetage accrochée dans leur cabine, et se massent à l'avant, à l'arrière, ou sur le pont supérieur. C'est un moment critique, mais aucune panique ne se produit, aucun désordre, aucun faux mouvement. Très vite, les canots flottent autour du paquebot ; très vite aussi les passagers se rendent compte qu'il n'y a pas de danger immédiat. Nous sommes échoués, sur plus de la moitié de la longueur du navire. L'avant est relevé d'un mètre au-dessus de la ligne de flottaison.

Je n'entends pas un cri de peur, pas une des passagères n'a de crise de larmes ou d'évanouissement. Il y a quelques notes comiques : on voit un monsieur courir sur le pont en caleçon, avec un appareil photographique en sautoir. Mais il n'y a pas de lâcheté, pas de défaillance, et c'est une jolie note à relever. L'aumônier allait revêtir ses ornements sacerdotaux, au moment de l'accident. Il rentre dans le salon et commence la messe. Un bon nombre de passagers y assistent. Le navire s'incline à tribord. Aussitôt après la messe, à peine les cierges éteints, les artistes improvisent un concert, et, cette musique, arrivant à travers les cloisons jusqu'au pont d'un paquebot qu'on essaye de renflouer, étonne les pilotes et chasseurs norvégiens, mais réjouit Marseille, c'est-à-dire tout l'équipage. Je passe près des cuisines et je saisis au vol ce mot : « Continuez vos pâtisseries, mes enfants. »

Je remonte. Dans une manœuvre, un homme

est tombé à la mer ; on le tire de ce bain glacé ;
il traverse nos rangs ; quelqu'un lui demande :

— Ça doit vous avoir produit un singulier effet, mon ami?

— Pas tant que de voir une jolie femme !

Le mot, comme la musique, ne sonne pas pour tous, mais il sonne bien, pour quelques-uns. Toutes les bravoures sont jolies ; et toutes les variétés de courage sont représentées à bord. Personne ne doute que notre situation ne soit sérieuse. Le pavillon a été mis en berne ; le signal de détresse a été hissé ; on essaie vainement de dégager le bateau en faisant machine en arrière ; l'équipage commence à jeter le lest à la mer, et nous voyons tomber, par les hublots, les gros saumons de fonte, que les treuils vont chercher à fond de cale, et des blocs de charbon pris sur la réserve. Si nous ne pouvons pas sortir de cette position dangereuse à la marée prochaine, qui nous délivrera? Les côtes sont absolument inhabitées. La mer n'est parcourue par aucun baleinier, car les baleines ont depuis longtemps déserté la région. Nous nous trouvons par 79° 6' de latitude nord. Chacun songe que la mer peut grossir et qu'elle aurait vite fait de rompre le bateau, dont la quille, à peine soulevée par le bercement de la marée, frissonne déjà en touchant le rocher.

Il faudrait prévenir, demander secours. Mais, du nord au sud du Spitzberg, pas un poste de télégraphe; la télégraphie sans fil n'est pas encore établie, — du moins, on nous l'a assuré, — entre la cabane de l'expédition Wellman et la ville la plus septentrionale de la Norvège, Hammerfest. Pas un port non plus où l'on aurait chance de rencontrer un remorqueur de quelque puissance. Hier, sans doute, par extraordinaire, un croiseur hollandais se trouvait à la baie de la Virgo : mais il est parti pour la banquise, et un petit phoquier, qui s'y trouvait aussi, doit, cette nuit même, faire route vers le sud. Le canot à vapeur, qui pourrait seul, semble-t-il, atteindre ce havre de la Virgo, en trois ou quatre heures, et prévenir l'expédition Wellman, nous sera indispensable si nous voulons débarquer. Nous ne sommes pas en péril imminent, puisque nous n'avons pas coulé en heurtant la roche, puisque nous sommes, hélas! trop solidement tenus par elle : mais notre situation n'est pas enviable, et, d'une heure à l'autre, elle peut empirer.

En attendant, l'accalmie est complète : la mer, le ciel, les montagnes, les îles de la côte ont une douceur émouvante, comme celle d'un mot tendre et qu'on n'attendait pas. Des oiseaux volent autour de nous; d'autres naviguent sur les glaçons; les phoques nous regardent et plongent aussitôt; la terre, qui fuit vers l'est, enfonce dans l'océan trois longs caps dentelés et très distants l'un de l'autre : le plus lointain est bleu, le second d'un lilas vif, le plus proche seulement est sombre, crevassé, menaçant, et dit la vérité.

A midi, sans une minute de retard, nous déjeunons dans une salle à manger fortement inclinée. La conversation est presque aussi animée que d'habitude; on regarde un peu plus par les hublots; j'entends un passager qui se plaint : « Mais, garçon, je vous ai demandé des Célestins, et vous m'apportez de la Grande Grille! » Vers la fin, tout à coup, un homme du bord entre dans la salle à manger. Il ne prend pas de précaution oratoire, il

n'attend pas que le silence soit fait, il porte la
main à son béret, et dit, pas très haut :

— Il y a un navire en vue !

Tout le monde entend. Tout le monde se
lève. La plupart des visages ont pâli. On ne
dit plus rien. On se précipite sur le pont. La
peur de la fausse joie étreint tous ces prisonniers de la mer qui se penchent vers l'horizon.

— Ce n'est pas possible ! Je ne vois rien.

— Ni moi.

— Pardon, une petite fumée.

— Et il a le cap sur nous ?

— On le croit, mais il est loin, loin...

Du côté de la haute mer, en effet, en un point
de l'immense courbe, au bas d'un nuage immobile et nacré, un peu de gris tache le ciel.
Toutes les jumelles, toutes les longues-vues,
tous les yeux l'observent. Cette fumée est pour
tous l'unique objet dans l'étendue illimitée. Si
elle allait descendre sous l'horizon ! C'est un
navire, à coup sûr, mais il n'a pas pu voir nos
signaux de détresse. Pourquoi viendrait-il ? Il
vient cependant. La sirène de l'*Ile-de-France*
commence à l'appeler... Il nous a aperçus ! Il a
l'air de venir à toute vitesse. Il a hissé le dra-

peau qui veut dire : « Signal compris. » Nous ne sommes plus seuls! Il y a une pensée, à travers la mer, qui a entendu la nôtre!

Je vois des larmes dans bien des yeux. Personne ne quitte le poste d'observation. Malgré la fatigue, on veut être sûr du salut.

*
* *

Quand il s'est approché, nous reconnaissons que notre sauveur n'est qu'un petit bateau baleinier, tout blanc, qui commence à tourner autour de nous, pour examiner la mer et la roche sans doute, mais aussi... pour « cinématographier » l'*Ile-de-France*. Et ce bateau arrive de la banquise! L'appareil enregistreur est dressé à l'arrière. A l'avant, des peaux de phoque et d'ours blanc, des eiders, des bois de renne avec le massacre, sont pendus à des cordages ou empilés sur le pont. Enfin, sur la passerelle, assis, les deux poings sur ses cuisses, se tient un homme jeune, vigoureux, dont la carrure, le large visage, la barbe fauve, la physionomie autoritaire et joviale, indiquent l'origine. C'est un Allemand du sud, un habitué de ces régions où il passe trois mois chaque année, l'homme qui les connaît le mieux peut-être.

On l'acclame; il parlemente avec le commandant de l'*Ile-de-France*, et essaye aussitôt de nous renflouer. Une amarre est jetée d'un bord à l'autre. Mais le petit baleinier, si persévérant que soit son effort, ne peut remuer la masse énorme de notre paquebot. Les deux machines agissent de concert et nous ne bougeons pas. On réussit seulement à redresser le navire. Toute l'après-midi est dépensée en tentatives vaines. Le temps reste admirablement beau. Les glaces en dérive ont l'air de corbeilles blanches sur une mer toute lilas. Des milliers d'oiseaux volent, se posent, plongent, et demeurent éclatants dans la lumière pure.

Après le dîner, en remontant sur le pont, nous nous apercevons que nous sommes de nouveau seuls à l'entrée de la Red bay. M. Lerner n'est plus là. Il a appris, du commandant de l'*Ile-de-France*, que le croiseur hollandais doit se trouver quelque part, à cinquante milles à l'est, dans la White bay, et se diriger de là vers la banquise. Il est immédiatement parti, il a promis une récompense à celui de ses marins qui, le premier, découvrirait le *Friesland*, et, toute la nuit, il va courir la mer pour nous, la mer pleine d'écueils et de glaces, qu'une petite brume nous cache en ce moment.

Nous sommes donc toujours en détresse. La nervosité grandit parmi les passagers. Beaucoup d'entre eux couchent tout habillés dans leurs cabines. D'autres s'étendent sur des chaises longues ou essaient de dormir dans des fauteuils. A deux heures du matin, le 26, le navire s'incline de nouveau à tribord, tout le monde se précipite sur le pont, et l'inquiétude est trop vive désormais pour qu'il soit aisé de la calmer. A quatre heures du matin, le commandant annonce que les passagers qui le désirent vont être débarqués sur un point de la côte ouest et que chacun doit emporter ce qu'il a de plus précieux. Bientôt il transforme cette permission en un ordre général; les chaloupes et les canots se remplissent, sans désordre et sans hâte; on emporte des couvertures, une valise, un sac, des armes, et la flottille se met en marche vers l'îlot appelé

Outer Norway. Une seule embarcation reste près du paquebot, à cause d'une panne du moteur à pétrole. Nous sommes cent trente, passagers ou matelots, répartis entre les cinq embarcations qui s'éloignent du navire immobilisé. Je me trouve dans la troisième. C'est un spectacle admirablement poétique, émouvant et amusant, que celui de ces canots en chapelet, remorqués par une chaloupe à vapeur, et tout pleins de naufragés qui ne courent point encore de danger.

Le long train ondule sur l'eau luisante et berceuse. Des phoques lèvent la tête et replongent aussitôt, pour répandre la nouvelle : « Savez-vous où ils vont, ces bipèdes? Chez nous, à Outer Norway, sur la plage où plusieurs de nous sont nés. Est-ce une colonie? Il y a des dames parmi eux, et ils ont des bagages! » Et les petites têtes noires, aux yeux mouillés et clignants, se dressaient plus nombreuses.

Après cinq quarts d'heure de route, — le navire est devenu tout menu derrière nous, — nous entrons dans un détroit, entre deux îles. L'eau est profonde et merveilleusement claire :

on stoppe ; on fait passer devant la baleinière norvégienne qui est d'un faible tirant, et nous voyons une jeune femme, blonde et grande, debout à la poupe, et qui barre magistralement, avec un aviron, pour accoster la rive droite. C'est madame Nordenskjöld, norvégienne élevée en Islande, et fille d'un armateur de Reykjavik. Nous débarquons ; nous prenons possession de l'île, nous demandant déjà combien de temps nous l'habiterons. Elle est sévère : une longue plage montante, couverte de pierres plates, et qui va rejoindre un énorme talus rocheux ; elle a la forme de ces glaces que les petits marchands forains servent dans des coupes et dont ils enlèvent un quartier. Des oiseaux, en troupes nombreuses, protestent contre l'envahissement. Des canes eiders, épouvantées, abandonnent le nid. Et il y en a partout, de ces nids de duvet gris, où elles couvaient leurs quatre œufs bleus. Quelques jeunes gens commencent aussitôt à chasser. D'autres s'empressent :

— Madame, il fait assez froid dans l'île déserte : voulez-vous que nous allumions du feu ?

Un sourire fatigué :

— Mais, monsieur, il n'y a pas de bois?

— Pardon, madame, pardon, des épaves, tout le long de la grève, et j'ai eu soin d'apporter deux boîtes d'allumettes.

Quatre ou cinq feux s'allument. Le vent souffle nord-nord-ouest. En laissant le feu au sud, on peut se reposer, presque au chaud, à l'abri de la fumée. Personne n'a dormi depuis vingt-quatre heures. On déroule des couvertures, des plaids, des peaux d'ours ou de moutons. Des ménages s'étendent et s'assoupissent, les pieds au feu, sur les meilleures roches plates. Une valise sert d'oreiller. Des célibataires, des isolés, sur de moins bons cailloux, comme il convient, se groupent autour, et essaient de dormir, ou de rêver, ce qui est plus aisé. Une main discrète, de temps en temps, rassemble les tisons. Avec une mystérieuse facilité, sans mot d'ordre, la colonie des débarqués s'est formée en escouades. Elle a suivi la loi des « affinités électives », comme disait Gœthe. A droite, du côté de la haute mer, plusieurs passagers ont escaladé une roche qui termine la plage, et ils observent l'horizon, avec des jumelles. Je les rejoins. On voit, très loin, *l'Ile-de-France* immobile et inclinée, et, sur les nuages, au nord, deux spirales de fumée. Ce sont les navires qui viennent au secours. M. Lerner a donc retrouvé le *Friesland!* Mais pourra-t-on nous renflouer? Un explorateur a parcouru déjà toute l'île.

— Qu'avez-vous vu?

— Cinquante tombes, le plupart ouvertes, là-bas, où le sol se relève.

— De quelle date?

— On ne sait pas.

— De quel pays étaient-ils?

— On ne sait pas.

Les heures s'écoulent. Je fais le tour du camp. La privation du chocolat matutinal commence à se faire sentir. Ostensiblement ou en cachette, selon l'humeur, des hommes et des femmes aux yeux cernés mordent des croûtes de pain ou un biscuit qui gisait, dédaigné, au fond d'un sac. Nous n'avons pas de vivres; on a promis seulement que la chaloupe apporterait le déjeuner, vers midi. Je passe près du bivouac de joyeux compagnons belges, qui ont planté parmi les pierres le drapeau de leur pays natal. L'un d'eux me fait signe d'approcher encore, et, confidentiellement :

— Monsieur, me dit-il, j'ai de l'amitié pour vous.

— J'en suis touché.

— Monsieur, vous n'avez pas de provisions?

— Ma foi, non.

— Moi, j'ai passé par les cuisines, avant de débarquer. Acceptez une tablette de chocolat... et... cette brioche.

Je remercie la Belgique, et j'aperçois, au-dessus des charbons ardents, le premier canard tué ce matin et déjà plumé, embroché, qui cuit. Je dois à la vérité d'ajouter que l'aspect du rôti est fuligineux et peu appétissant. Quelqu'un m'appelle encore et s'éloigne avec moi :

— Monsieur, si nous sommes renfloués, peut-être le commandant aura-t-il besoin d'argent comptant?

— C'est possible, je l'ignore.

— Voulez-vous lui faire dire que j'ai des lettres de crédit sur...

Le Parisien qui me fait cette confidence a un sourire amusé.

— ... Sur les banques les plus voisines.

Et il me nomme les villes, en me montrant trois lettres représentant une fort belle somme.

L'offre s'est trouvée inutile. Elle aurait pu servir.

A midi, le commandant, fidèle à sa promesse, envoie la chaloupe avec un déjeuner froid, copieux. Il n'y avait pas de verres pour boire, mais chaque groupe de dix reçoit deux pots à confitures vides, dont l'un est réservé aux dames, et l'autre attribué aux hommes. Une gaieté assez vive et générale règne dans Outer Norway pendant le repas et les premières heures qui suivent. On va puiser du café dans une des deux grandes marmites disposées au-dessus d'un feu, en haut de la plage. On photographie tout. Je découvre même quatre joueurs de bridge dans un coin abrité. Puis le froid s'avive, à mesure que le soleil descend. Ce bon moral n'est pas sans mérite : il n'est pas non plus sans raison. Nous sommes à peu près sûrs d'être sauvés. Les heures ont passé ; avec des jumelles, on voit maintenant les deux navires sauveteurs près du nôtre. Ils doivent travailler au renflouement de l'*Ile-de-France*, mais nous ne pouvons suivre la manœuvre. Tout a l'air immobile.

Un peu de brume coule du large et nous enveloppe. Rien n'indique que nous devions être délivrés avant la nuit, avant demain peut-être.

Alors, petit à petit, les échoués du Spitzberg, butant contre les pierres, portant ou traînant des couvertures, vont chercher au bout de la plage, le long du rocher observatoire, une protection contre le vent. Des phrases se croisent dans l'air : « Par ici, madame, j'ai un joli premier étage à vous offrir. — Moi, un rez-de-chaussée, avec trois nids d'eider, tout un édredon. — Venez, Georgette, prenez mon bras. »

On commençait à s'installer. Il faisait tout à fait froid, quand une vigie cria, vers six heures du soir :

— Les voilà ! Les chaloupes reviennent !
— Toutes ?
— Toutes !

Nous sommes renfloués ! Ce fut une demi-heure charmante. Malgré la fatigue, les visages étaient épanouis. On riait. Une voix très douce, à quelques pas de moi, murmurait, comme une conclusion de l'aventure :

— C'est grand'mère qui va être contente ! Quand elle saura tout, en aura-t-elle une peur, et une joie !... Savez-vous, Maxime : j'en profiterai pour lui demander un petit cadeau.

Nous voici revenus à bord de l'*Ile-de-France*, qui flotte, qui fume, qui peut repartir. On assure que la coque n'a pas de blessure grave. Espérons. Nous contemplons avec gratitude le gros voisin, le navire sauveur.

Les témoins ont trouvé tout à fait admirables le sang-froid et l'habileté de manœuvre des officiers et de l'équipage du *Friesland*. Il y a eu un moment tragique, le dernier. Quand le paquebot, allégé non seulement d'une partie de son lest, mais de l'eau de ses chaudières, inerte, par conséquent, a enfin obéi au puissant effort des machines du navire de guerre et glissé sur le rocher, il s'est avancé sur le croiseur, sans pouvoir s'arrêter. Le *Friesland*, de son côté, ne pouvait éviter le choc. Il avait dû, pour être plus fort, mouiller une ancre et hâler dessus. On vit alors, au commandement, les cadets du *Friesland* accourir avec des madriers, les disposer en palissade pour protéger le bordage, et tous en ligne, impassibles, attendre la collision qui pouvait les broyer.

L'émotion fut telle, en cette minute, que pas un mot ne fut dit. Le choc, prévu et amorti, ne brisa qu'un mât de pavillon, une embarcation et quelques mètres de chaînes. L'*Ile-de France*, après trente-quatre heures, était renflouée. Elle flottait librement. Les vivats éclatèrent. Ils recommencent quand les embarcations, vers sept heures du soir, ramènent les passagers.

J'ai à peine le temps de m'habiller, pour assister au dîner offert, à bord de l'*Ile-de France*, à M. J.-B. Snethlage, commandant, à M. A.-M. Bron, capitaine du *Friesland*, et à M. Lerner. Le souvenir vivant du péril, la gratitude unanime et vive de notre côté, et, de l'autre, la joie du service rendu, relèvent singulièrement le ton des propos échangés entre sauveteurs et « rescapés ». Pour une fois, aucun mot de remerciement et de sympathie n'est menteur.

Ce n'est pas tout, et tout l'extraordinaire de ce drame n'est pas fini. Par la plus claire soirée, quand les officiers du *Friesland* et M. Lerner, — un sportsman qui aime, entre deux chasses au phoque, à compléter la carte du Spitzberg, — reparaissent sur le pont de l'*Ile-de-France,* ils aperçoivent, à bâbord, le *Frithjof.* Ce petit navire, qui devait partir pour le sud du Spitzberg, a été retenu par M. Wellman, inquiet de la longue absence de M. Lerner, et envoyé à la découverte, du côté de la banquise. Et ce fait invraisemblable s'est produit : le 26 juillet 1906, à dix heures du soir, tout près du quatre-vingtième degré de latitude nord, dans la mer la plus déserte du monde, quatre navires ont été réunis dans un demi-mille carré.

VII

RETOUR DU SPITZBERG

— Voulez-vous la recette, pour faire un Spitzberg ressemblant?

— Oui.

— Très simple. Vous prenez du chocolat en poudre, — une bonne quantité, — vous le disposez en cônes bien aigus et reliés par la base, dont vous avez soin d'inciser assez fortement les pentes, avec le manche d'une cuiller. Battez alors des blancs d'œufs en neige, et versez dans les creux : vous avez le Spitzberg.

Cette boutade, celui qui l'a dite ne s'en souvient déjà plus. Quatre jours ont passé. Nous sommes loin des terres inhabitées, loin de l'Océan glacial aux fortes lames courtes, et le vert a reparu, le vert d'une tige d'orge et d'un brin de gazon où il y a la vie. Avec quelle joie nos yeux l'ont bue, cette première tache d'herbe, large comme une aire à battre, au sommet d'un écueil dont l'assise était noire! Elle avait triomphé. Elle était l'annonciatrice. Elle rendait silencieux tous ceux qui la voyaient. Des sourires allaient à elle, comme à une fleur précoce qui ouvre une saison. La première cabane prit un air d'idylle. Tromsœ, ville des fourrures, nous parut un grand port, et parmi ses bouleaux cagneux plantés dans la pierraille, nous nous baissions, pour passer sous des branches.

Tout cela est loin. Cette nuit, nous avons retrouvé l'ombre, pour quelques heures; le soleil est descendu au dessous de l'horizon; plusieurs s'en sont réjouis, ayant dormi plus facilement; moi pas : j'aimais cette lumière continue, mais non égale, qui ne nous a pas quittés pendant quatorze fois vingt-quatre heures. Quand je m'éveillais, dans la couchette du bateau, et que j'ouvrais mon hublot, j'avais l'image et presque la sensation de ce qui est vraiment, d'une Intelligence qui veille sans défaillance. Nous sommes sortis de ce monde polaire. Depuis notre départ de Tromsœ, nous avons fait beaucoup de chemin vers le sud, et il me semble que nous naviguons assez loin du continent norvégien, à la limite de la poussière d'îles qui suit, en écharpe souple, le mouvement de la côte. S'il y avait des navires dans le ciel d'été, au bord de la voie lactée, les passagers auraient comme nous, et toujours à tribord, de soudaines échappées sur l'espace désert et bleu.

Je ne me trompe pas. Ce soir, 31 juillet, on nous annonce que nous allons toucher à Henningsvœr, à la pointe sud-ouest d'une des plus éloignées parmi les Lofoten. Nous nous engageons dans un détroit. Les terres montagneuses se pressent autour de nous, comme d'autres, si souvent, l'ont fait pendant la traversée, puis elles s'abaissent, et nous découvrons, droit en face, des écueils plats, nombreux, formant grappe à la surface de la mer, et qui ressemblent, de loin, à ces roches goémoneuses qui s'étendent au pied des falaises de France, et où les enfants pêchent des crevettes naines. Mais ici, la falaise est le promontoire d'Œst-Vagœ, qui monte à droite, à huit cents mètres de hauteur, et dont l'ombre, le matin, doit être lourde sur les premiers îlots. Ce soir, tout est lumière, transparence, enchantement. Bien qu'il soit plus de sept heures, le soleil, très élevé encore au-dessus de l'horizon, couvre tout l'archipel et les pentes des montagnes d'une dorure de fruit mûr ou de moisson.

Nous approchons ; le relief des écueils se dessine ; des maisons apparaissent, peintes en rouge, en blanc, en jaune, en bleu ; puis des ponts qui relient les îlots ; puis d'autres maisons que cachait une pointe : toute une ville, avec son église, ses postes de télégraphe, ses entrepôts aux pignons munis de grues, ses petits chalands aux formes de gondole, ses canaux tortueux, ramifiés, bordés de pieux pourris que bat la mer vivante. Venise très pauvre et toute pêcheuse. Le moindre bout de récif inhabitable, des dos de roches rondes, des espaces réservés entre les maisons, au bord de l'eau, sont couverts de charpentes, où pendent, par milliers, des moitiés de morues qui sèchent. Jamais, sans doute, un navire d'aussi fort tonnage que le nôtre n'est venu à

Henningsvœr. Par-dessus le chenal, extrêmement étroit, qui permet d'arriver devant la ville, on avait établi un fil téléphonique à soixante pieds peut-être en l'air. Mais la mâture de l'*Ile-de-France* est plus haute encore, et le fil, heurté par elle en son milieu, tendu, criant comme une corde de violon, se rompt tout à coup et tombe le long de la coque.

Lorsque nous débarquons, nous constatons que tous les entrepôts et beaucoup de maisons sont fermés. Nous ne rencontrons que des femmes et des enfants, autour des séchoirs et le long de l'unique ruelle taillée dans le rocher. Où sont les hommes? A la pêche. Henningsvœr est une hôtellerie et un rendez-vous. Village pendant neuf mois, elle est une ville pendant trois. Le mois de mars amène dans les Lofoten d'immenses bancs de morues. Alors quinze mille pêcheurs, de tous les points de la Norvège, se précipitent vers les roches plates, à la pointe d'Œst-Vagœ; les maisons rouges, les maisons bleues s'emplissent jusqu'au toit; les cabarets regorgent de clients, — qui ne boivent plus d'absinthe ou d'eau-de-vie, paraît-il, — et, dans la brume des soirs interminables, l'odeur des pipes et du sang frais de morue dénonce au loin, sur la mer, la résurrection d'Henningsvœr.

Je passe une heure couché sur un bloc de roche grise, à regarder l'archipel minuscule, et la ville dispersée, proprette et close, et la lueur des eaux sous les rayons très penchés du soleil, — car il est près de dix heures du soir. Au-dessous de mon observatoire, s'étend la seule prairie de l'îlot, où trois vaches paissent une herbe très courte et d'un vert éclatant. La mer et la montagne inhabitée pressent et menacent de toutes parts, et font un cadre tragique à toutes ces maisons peintes en clair et posées sur l'écueil misérable. Comment des peintres ne viennent-ils pas ici ? Une petite fille, douze ans peut-être, aux cheveux d'un blond d'avoine, aux yeux gris, et qui a ce calme et cette clarté nivéenne du visage, si fréquents chez les Scandinaves, est interrogée par un de mes compagnons : « Veux-tu venir en France, petite ? — Oui. — Pour y rester ? — Non. — Tu serais mieux logée qu'à Henningsvœr, à Paris, mieux nourrie, et tu verrais de belles choses ? — Je veux bien voir Paris, mais je reviendrai en Norvège : il n'y a pas d'aussi beau pays. » Je modifierai un peu sa réponse pour me l'approprier, je dirai : « Il n'y a pas de plus beaux paysages côtiers, plus grands, ni plus variés, et la lumière chaude n'est pas l'égale, en richesse, de la lumière froide. »

*
* *

2 août. — En quittant Henningsvœr, j'avais aperçu, avant-hier, à l'extrême horizon, l'ennemi redoutable, la brume. Sur toute la longueur d'une chaîne de montagnes, elle n'avait encore trouvé qu'une issue, un col étroit et très élevé, et elle coulait par là vers la mer où nous étions ancrés. Elle formait une nappe moutonneuse dont l'extrême bord, mobile et nerveux comme l'antenne d'une bête, tâtait l'herbe et la roche de la haute vallée, et sursautait, et reprenait contact avec la terre un peu plus bas.

Quelle rapidité le vent lui a-t-il donnée, le vent que nous n'avons pas senti, mais qui l'a refoulée ? Elle nous a rattrapés. Depuis hier, nous sommes immobiles, bloqués par elle, séparés de tout, réduits à ne plus voir que notre propre navire et les mines déconfites des passagers, qui n'ont pas la patience des marins. « Combien de temps cela dure-t-il ? — Quelquefois trois jours et plus. » Il n'y a encore que vingt-trois heures que la sirène crie aux autres aventuriers de la mer et des îles : « Attention ; tâchez de nous découvrir à temps ; ne nous heurtons pas ! » C'est bien toujours la nappe blanche qui passe, avec ses noyaux de vapeurs arrondis comme des bulles et séparés par des clairs ; elle plane, à présent, elle est accrochée au passage par toutes les pointes qui la retiennent et la retardent. Et les îles, les îlots, les roches sont innombrables autour de nous.

Tout à l'heure, dans une maille éclatée du nuage, j'ai vu le danger, partout : des courbes brunes, qu'un souffle de fumée pâle a aussitôt recouvertes, une balise, une silhouette incomplète et sans base, qui a sombré subitement. Le soleil n'est nulle part et il est partout. Il a l'air de se lever là où l'ombre diminue. Nous sommes trompés à chaque instant par ses rayons emprisonnés dans la brume, et qui tombent quand elle s'entr'ouvre, comme tomberait le pollen d'une fleur blanche et confuse. On s'ennuie.

A cinq heures du soir, au-dessus des mâts, on devine du bleu à travers un voile. Nous partons, nous faisons un kilomètre, à toute petite vitesse, et la brume se referme, au-dessus de nous, en avant, en arrière, et il faut continuer d'avancer, parce que, désormais, les fonds sont de plusieurs centaines de mètres, et qu'on ne peut plus jeter l'ancre.

Je me suis établi sur le gaillard d'avant, et je guette, moi aussi, comme le vieux pilote à visage de phoque qui se tient sur la passerelle. J'admire cet homme, qui n'a, pour conduire le navire, en ce moment difficile, que ses souvenirs de vieux marin et ses yeux, qui se font tout petits, entre ses cils tout blancs. D'un geste de la main, qu'il tient tendue en arrière, il indique au timonier : à bâbord, à tribord.

Il n'y a qu'une chose qu'il ne voie pas : c'est la double ride que fait la proue de l'*Ile-de-France*, et qui va s'élargissant, pli frissonnant, d'un mauve tendre, sur l'eau nacrée par la brume. Une sirène répond à la nôtre ; un caboteur tout noir sort tout à coup du brouillard et se range dans notre sillage ; un gros vapeur allemand glisse à bâbord et nous dépasse ; nous le dépassons à notre tour ; quelquefois, à des nuances, à un souffle, on sent qu'il y a des terres toutes proches et on ne les voit pas ; plus loin, dans la nuit qui tombe, on entend l'aboiement d'un chien ; plus loin encore, on aperçoit, une seconde, sur deux grosses pierres, deux hommes debout qui regardent passer le grand fantôme que nous devons être ; puis ce sont des bouts de grèves dans une éclaircie, une maison, un arbre, un commencement de lumière et de paysage qui s'éteint.

Pendant six heures, le vieux pilote immobile cherche et trouve son chemin, dans le nuage tout plein d'écueils. J'ai le regret des terres qui ont fui, et que je ne connaîtrai pas. Je songe à un autre voyage, qui se fait dans la brume aussi, parmi tant de choses qu'elle nous cache et tant d'âmes voisines et ignorées. A minuit, tout est fini : un dernier bas-fond arrondit sa plage en dos de baleine ; un feu de phare s'allume au ras de l'eau, porté par quatre pieux comme une chapelle votive ; la dangereuse guenille blanche est restée en arrière, et nous allons vers le large.

FIN

TABLE

PAYSAGES D'AMÉRIQUE   1

VISITES EN ANGLETERRE :

   I. — Dans le Norfolk. 87
   II. — Dans l'Ouest 99
   III. — Une grande demeure 112
   IV. — Le village. Un parc dans le Yorkshire . . 123
   V. — Chasse au renard 136

PROMENADES EN CORSE :

   I. — D'Ajaccio à la forêt de Vizzavona 149
   II. — La forêt. Une procession à Corte 165
   III. — Bastia. Le Cap Corse. 179
   IV. — La Corse en automne. De Bastia à Calacuccia. La forêt d'Aïtone 193
   V. — Le golfe de Porto. Les calanques de Piana. Cargèse. 207

VI. — D'Ajaccio à Sartène. La pointe de silex.
L'arrivée à Bonifacio 217
VII. — Les quatre beautés de la Corse 230

VOYAGE AU SPITZBERG :

I. — En route pour le Spitzberg 249
II. — Chasse à la baleine 262
III. — Les terres du Sud 276
IV. — La chasse au renne. Le paysage du Spitzberg.
La baie du roi 291
V. — La visite 308
VI. — L'échouement de l'*Ile-de-France*. Outer-Norway 315
VII. — Retour du Spitzberg 333

DERNIÈRES PUBLICATIONS

Format in-18 à 3 fr. 50 le volume

ADOLPHE ADERER
Amours de Paris.......... 1
BARON DE BATZ
Vers l'Échafaud........... 1
RENÉ BAZIN
Davidée Birot............. 1
E.-F. BENSON
Rose d'Automne........... 1
HENRY BIDOU
Marie de Sainte-Heureuse. 1
RENÉ BOYLESVE
Madeleine Jeune Femme. 1
LOUISE COMPAIN
La Vie tragique de Geneviève................ 1
LOUIS DELZONS
Le Maître des Foules..... 1
MARC ELDER
Marthe Bouchard, fille du peuple................. 1
ANATOLE FRANCE
Les Dieux ont soif........ 1
LÉON FRAPIÉ
Croquemitaine... 1
J. GALZY
L'Ensevelie............... 1
GYP
Fra...eur................ 1
JULES LEMAITRE
Chateaubriand 1

LOUIS LÉTANG
L'Or dispose............. 1
RAYMONDE LORDEREAU
Vaincue.................. 1
PIERRE LOTI
Un Pèlerin d'Angkor..... 1
JEANNE MARAIS
Nicole, courtisane........ 1
PIERRE MILLE
Louise et Barnavaux...... 1
ÉMILE NOLLY
Gens de Guerre au Maroc. 1
J. NORMAND
Regardons la Vie 1
RICHARD O'MONROY
Pour être du Club........ 1
GASTON RAGEOT
A l'Affût................. 1
CLAUDE SILVE
La Cité des Lampes...... 1
MARCELLE TINAYRE
Madeleine au Miroir...... 1
FRANZ TOUSSAINT
Gina Laura.............. 1
ROBERT DE TRAZ
Les Désirs du Cœur...... 1
JEAN-LOUIS VAUDOYER
La Maîtresse et l'Amie... 1

www.ingramcontent.com/pod-product-compliance
Lightning Source LLC
Chambersburg PA
CBHW050733170426
43202CB00013B/2271